现代羽毛球基本技术与教学创新发展研究

赵佳佳 著

北京工业大学出版社

图书在版编目（CIP）数据

现代羽毛球基本技术与教学创新发展研究 / 赵佳佳著. — 北京：北京工业大学出版社，2018.12（2021.5 重印）
ISBN 978-7-5639-6659-2

Ⅰ. ①现… Ⅱ. ①赵… Ⅲ. ①羽毛球运动－教学研究 Ⅳ. ① G847.2

中国版本图书馆 CIP 数据核字（2019）第 022913 号

现代羽毛球基本技术与教学创新发展研究

著　　者：赵佳佳
责任编辑：李俊焕
封面设计：点墨轩阁
出版发行：北京工业大学出版社
　　　　　（北京市朝阳区平乐园 100 号　邮编：100124）
　　　　　010-67391722（传真）　　bgdcbs@sina.com
经销单位：全国各地新华书店
承印单位：三河市明华印务有限公司
开　　本：787 毫米×1092 毫米　1/16
印　　张：11.25
字　　数：225 千字
版　　次：2018 年 12 月第 1 版
印　　次：2021 年 5 月第 2 次印刷
标准书号：ISBN 978-7-5639-6659-2
定　　价：48.00 元

版权所有　翻印必究

（如发现印装质量问题，请寄本社发行部调换 010-67391106）

前　言

羽毛球是一项非常大众的运动，我国有很多人都通过羽毛球来锻炼身体。同时，羽毛球作为高校体育教学内容之一，收到了很不错的成效，很多教师和学生都十分喜欢这项运动。羽毛球运动兼具观赏性、娱乐性及运动性，与此同时，通过羽毛球教学还可以培养学生主动参与体育运动的积极性，锻炼心肺功能、提高身体协调性等。在运动强身的同时，还可以使人获得心理满足与愉悦，有效缓解学习与生活压力，培养乐观开朗的情绪。长期进行羽毛球运动，可以提高运动者身体的灵活性与协调性，培养人际交流能力，优化呼吸与心血管系统，提高有氧代谢与无氧代谢的能力，对神经系统进行调节。羽毛球也是少数的可以一生进行的体育锻炼活动之一。羽毛球运动不仅能丰富高校校园文化，亦能促进体育文化发展。

羽毛球运动的发展至今已有一百多年的历史，它不仅是我国的强势竞技体育项目，也是一项在我国得到广泛普及的运动项目，并且深受民众喜爱。羽毛球作为我国着重推广的体育项目早已在各大高校中得到了广泛的普及，并且成为体育课教学的一个重要组成部分。但传统羽毛球技术教学中，大部分教师却走进了一个只重视手部以及上半身的动作技术，而忽视了对步法以及下半身技术动作教学的一个"重上轻下"的教学误区，使得学生在进行羽毛球运动竞技时常常表现得力不从心。由此可见，羽毛球运动的基本步法与手法同样重要，都是提高羽毛球运动水平的基础。

本书共六章约 20 万字，第一章对羽毛球运动的起源与发展以及一些基本知识进行了介绍；第二章对现代羽毛球运动的科学基础和健身价值进行了阐述；第三章对现代羽毛球运动的教学理论进行了相关介绍；第四章对现代羽毛球运动的教学设计及其创新趋势进行了阐述；第五章对现代羽毛球运动的技术教学及其创新趋势进行了阐述；第六章对现代羽毛球运动战术教学及其创新趋势进行了阐述。

本书由华中师范大学赵佳佳撰写。作者在撰写本书过程中参考了大量的资料，在此向相关专家和学者表示由衷的感谢。由于作者水平有限，本书不足之处在所难免，在此希望各位同人能够批评指正。

赵佳佳

2018 年 7 月

目 录

第一章 绪 论 … 1
- 第一节 羽毛球运动的起源与发展 … 1
- 第二节 羽毛球运动基本知识 … 8
- 第三节 羽毛球运动的特点及意义 … 17
- 第四节 现代羽毛球运动教学 … 20

第二章 现代羽毛球运动的科学基础及健身价值 … 35
- 第一节 羽毛球运动的科学基础 … 35
- 第二节 羽毛球运动的健身价值 … 53

第三章 现代羽毛球运动的教学理论 … 69
- 第一节 羽毛球运动教学的理论基础 … 69
- 第二节 羽毛球运动教学的基本理论 … 81

第四章 现代羽毛球运动教学设计创新发展 … 99
- 第一节 现代羽毛球运动教学设计 … 99
- 第二节 现代羽毛球运动教学设计的创新趋势 … 112

第五章 现代羽毛球运动技术教学的创新发展 … 117
- 第一节 现代羽毛球运动技术教学 … 117
- 第二节 现代羽毛球技术教学的创新趋势 … 133

第六章 现代羽毛球运动战术教学的创新发展 … 141
- 第一节 现代羽毛球运动战术教学 … 141
- 第二节 现代羽毛球运动战术教学的创新趋势 … 162

参考文献 … 171

第一章 绪 论

任何一种体育运动项目的产生都有其历史渊源和文化背景,并在特定历史条件下不断发展、成熟。集游戏、娱乐、竞技、健身、易上手等特点于一身的羽毛球运动不仅是奥运会的比赛项目,也逐渐成为一项被民众广泛接受和喜爱的体育运动项目。作为热衷参与这项运动的新时代大学生不仅要学习羽毛球的运动技术,还应从文化层面了解羽毛球的历史起源和发展概况,从而更好地理解该运动项目的文化内涵,为进一步学习羽毛球运动技术、提高对羽毛球的全面认识提供理论上的基础。

第一节 羽毛球运动的起源与发展

一、羽毛球运动的起源

(一)羽毛球运动的雏形

现代羽毛球运动诞生不过一百多年的时间,然而这项运动在人类历史长河中,早就已经有了它的萌芽;它从产生、演变并发展至今,经过了漫长的历程,已成为群众喜爱的体育活动,世界上许多国家和地区很早就有类似于羽毛球运动的游戏。据《大不列颠百科全书》记载:原始的羽毛球游戏活动至少在2000多年前,就在中国、日本、印度等国流行。虽然由于各地的环境、民俗不同被冠以不同的名字,但各地的活动在形式及性质上相差无几。

据《民族体育集锦》记载:相传,中国在远古时期就有类似于羽毛球游戏活动的存在,如中国贵州地区苗族民间体育游戏:"板羽球或板毛球""打手毽"等,都酷似现在的羽毛球运动。板羽球也称毽球,是用木板拍击用五颜六色的鸡毛做的鸡毛毽的一种游戏。打手毽与板羽球制作方式以及游戏规则相近,与其不同之处在于:打手毽是用手来拍击的。从游戏形式、内容到游戏名称分析,打手毽和羽毛球明显有着密切的传承关系。《体育辞典》羽毛球词条说:"羽毛球起源于流行在亚洲和欧洲类似毽子的游戏。相传1873

年从印度回国的英国退役军官将这一游戏传至英国。"而英法传教士早在1812年就开始在黔南都匀、福泉等地进行传教。

日本在14—15世纪就出现用木板做拍、樱桃核插上美丽的羽毛为球，与中国现在的"板羽球"相似的游戏。由于樱桃核小而重，球速较快，致使其较易损坏，加之制作过程繁杂，最终此游戏昙花一现。印度于18世纪出现一种叫"普纳"（Poona）的运动，它与现在的羽毛球运动非常相似，被称为现代羽毛球运动的雏形。其球用直径约6厘米的圆形硬纸板或以绒线编织，中间插上羽毛（类似于我国的毽子），板是木质的，玩法是两人相对站立，练习者手持木板，将球在空中轮流击出，这项运动在英国驻印度军队里开展得尤其活跃。1840年，英国驻印度普纳的军官对这项运动进行了改进，他们用酒瓶上的软木塞做球头，插上羽毛，用酒瓶打来打去，后来成为一种游戏，在驻印度军队中流行起来。

（二）现代羽毛球运动的诞生

现代羽毛球运动诞生于19世纪的英国。19世纪60年代，"普纳"游戏由英国驻印度军人引入英国，它的趣味性受到众多退役军人的认可并迅速得到上流社会的追捧。1870年，英国出现了用羽毛、软木做成的球和球拍。1873年，英国公爵鲍弗特在其伯明顿庄园里宴请宾客，恰逢下雨，活动改在室内进行。几位驻印度退役军人建议进行普纳游戏。当时室内场地呈葫芦状，他们在场地中间拉了一根绳子代替网，每局比赛只能有两人参加并有一定的分数限制，由于其极具趣味性促使羽毛球运动作为一种高雅的娱乐性活动迅速传遍英国。伯明顿庄园成了现代羽毛球运动的发源地并以庄园的名称为这项运动命名，因此，英语中羽毛球叫作"Badminton"。原来鲍弗特公爵的庄园现在也改名为"羽毛球馆"以示纪念，并陈列着19世纪中叶最初的羽毛球拍和羽毛球。

二、羽毛球运动的发展

羽毛球运动在其雏形时期由于各地区风俗民情的差异，各自的游戏方式也有所不同。到了现代，羽毛球运动诞生，其规则逐步完善，有利于技、战术的发展。

（一）运动场地的发展

因当时在伯明顿庄园所使用的运动场地小，器材简单，活动场地是葫芦形，所以直到1877年英国出版第一本有关羽毛球比赛规则的图书，这本"规则"规定了羽毛球场地的形状为长方形，中间挂网的高度以及运动双方的要求，但没有区分单双打。1901年，英国羽毛球协会在修订羽毛球规则时，对羽毛球场地做进一步的规定。1939年，第一本国际羽毛球竞赛"规则"正式出版。

1. 场地

羽毛球场地长为13.40米，双打场地宽为6.10米，单打场地宽为5.18米。画白色或者黄色的线，中线宽4厘米，平均画在左、右发球区；前后发球线宽4厘米，画在发球区长度3.96米以内；所有其他线的宽度为4厘米，一律画在规定的场地面积以内。测试正常球速区域的4个4厘米×4厘米的标记应该画在双方单打右发球区边线内沿，距离端线外沿53～57厘米以及95～99厘米按照国际比赛（国际羽联）规定，整个球场上空高度不得低于9米，在此高度之内不得有任何横梁或者其他障碍物。球场四周2米以内不得有任何障碍物。任何并列的两个球场之间最少应该有2米的距离。球场四周的墙壁最好为深色，不能有风。国际重大比赛必须严格按上述规定执行；一般比赛，如场地条件不完全符合标准，经有关部门批准可以改变。

2. 球网

羽毛球网长6.10米、宽0.76米，用优质深色的天然或人造纤维制成，网孔大小为15～20毫米。网的上沿应缝有一道宽75毫米的对折白布边，用绳索或钢丝绳穿起来，适当拉紧，使之和网柱顶端齐平。

3. 网柱及网高

从球场地面算起，网柱高1.55米，即网高为1.55米，球网中部上沿离地面高1.524米。网柱应该放置在双打球场的边线上。如不能设置网柱，则必须采用其他办法标志出边线通过网下的位置。

（二）运动装备的发展

羽毛球运动装备也是从原始的低级阶段向高级阶段发展的。羽毛球从开始时的硬纸板和绒线团到木托用皮包起来，再发展到用14～16根高级羽毛插在软木托上。

1. 羽毛球

羽毛球可采用天然材料或者人造材料或者两者混合制成。

（1）样式规格与重量

羽毛球应用16根羽毛插在半球形的软木球托上。软木托直径为25～28毫米，托底为圆形，包有一层白色薄皮革或类似材料制成的皮。羽毛从托面至羽毛尖长62～70毫米。羽毛上端围成圆形，直径为58～68毫米。在球托上1.25厘米和2.5厘米处，用线或其他材料将羽毛扎牢。一般比赛也可用泡沫头制成的球或者尼龙球。羽毛球的重量通常为4.74～5.50克。

(2) 飞行速度

当运动员从端线用低手充分向前上方击球与边线平行，球能落在另一端线内53～99厘米，则应认为此球的飞行速度正常。在一般业余比赛或非正式比赛中，当球过轻或者过重、球速过慢或者过快时，经过主办单位同意，可采用如下措施，使球的飞行速度变为正常。

①当球过轻、球速过慢时，可在球托内中间位置加1～2个小钉子，以增加球托重量，使球速变快；也可向内翻折羽毛，缩小羽毛球的口径，以增快球速。

②当球过重、球速过快时，可在球托中间挖去一部分软木，以减轻球托重量，使球速减慢；也可向外翻折羽毛，增大羽毛球的口径，以减慢球速。

羽毛球有比赛用球和训练用球之分，都是室内用球。比赛用的高级羽毛球大部分是用鹅毛制成的，训练用的中、低级羽毛球大部分是用鸭毛制成的。室外训练有时也用室内球，用泡沫头球及塑料球较适合。我国是羽毛球生产大国，品牌甚多，有些属于全国比赛用球，质量均属上等，可根据经济条件和训练环境加以选择。

2. 球拍

球拍总长度不超过68厘米，宽不超过23厘米。球拍框为椭圆形，球拍框长度不超过29厘米。球拍不允许有附加物和突出部，不允许改变球拍的规定式样。球拍重95～120克（不包括弦的重量）。拍框当中用羊肠线、化纤或尼龙线穿织而成。球拍的一端有握把，长39.5～40厘米，直径不得超过2.8厘米。要想从事羽毛球运动，首先要有一把称心、适用、弹性强、轻重适宜的好球拍。目前市场上购得的球拍一般拍弦不紧，致使球拍的弹性较差，影响球的飞行速度和远度，因此自己要学会选拍、上拍弦以及修补球拍的断弦，这样不仅省时省钱，更重要的是球拍称心适用。

(1) 球拍的挑选

目前，我国市场上出售的羽毛球拍式样繁多，可归纳为四种类型：①全碳素一体成型羽毛球拍，目前世界级选手及经济条件许可的爱好者都使用这种类型的球拍，如现在国家队使用的国产李宁拍子以及各省市队使用的肯尼士、胜利、凯胜等品牌的拍子；②中档的碳素杆，拍框为铝合金；③钢杆铝合金拍，为中低档拍；④钢杆木框羽毛球拍和木制球拍。在挑选球拍时，要根据个人的经济条件及爱好程度选购买适宜档次和型号的拍子。

最轻、弹性较好、牢固度也好的拍子一般为全碳素一体成型的拍子，但价格较昂贵。有一定技术水平的选手或爱好者，如属攻击型，使用的球拍可略重一些，以增加攻击威力；如遵守中反攻或防守型，球拍可略轻些，以利于更灵活地挥拍防守。在选拍子时还得注意球拍的弹性，主要是看拍杆在掰动时是否有一点弯度，几乎没弯度的拍子没有弹性，就不好使用。有三通连接的球拍，如碳素杆加铝合金框及钢杆加铝合金框，其连接处较易断裂或脱胶，因此选拍时应仔细检查。检查方法是将球拍框轻微扭动下，看是否有响声或松动。

羽毛球拍弦种类很多，主要有化纤弦、尼龙弦、羊肠弦、牛筋弦等，目前市场上均有供应。化纤弦是最常使用的高档弦，如美国产的雅沙维弦、日本产的戈杉弦等，有多种型号北京产的羊肠弦弹性较好，但易断。尼龙弦是较低档的球弦，其弹性一般，易随气候变化而热胀冷缩，但价格最便宜。

（2）球拍与拍弦的保护

为了延长球拍和拍弦的使用寿命，要珍惜球拍和爱护拍弦。打球时，要注意四周的障碍物，不得乱磕乱碰。手出汗多者最好用毛巾或胶条缠在球拍柄上，以防用力过猛而脱手。如遇下雨和潮湿天气，要避免在室外打球，因为球拍受潮后易变形，拍弦受潮后易膨胀、松弛而失去弹性。同样，球拍不易在阳光下曝晒，球拍被曝晒后易燥裂或变形，干燥也会使拍弦燥裂失去弹性而发脆。拍弦最好能够经常涂点油和蜡，以保护拍弦的韧性和弹性。球拍不用时，应用塑料衣和夹拍器夹好，以防受潮和变形。

3. 挑边器

挑边器为比赛双方选择发球权或选边的器件，可以是钱币或者塑料制品，只要两面有不同标志即可。

（三）计分方式的发展

羽毛球运动刚兴起时，没有人数、分数和场地的限制，练习者只需用球拍互相对击球即可。现代羽毛球运动从伯明顿庄园开始，有了一定的分数、场地、人数限制。随着人们观赏水平的提高及技术和战术的发展，规则也随之变化，出现单、双打场地的区分及发球区的规定，发球得分及发球得分后的换区等规则。

1. 旧制比赛的计分方法

①除非另有商定，比赛应以三局两胜定胜负，团体赛多采用5盘3胜制。
②只有发球方才能得分。
③双打和男子单打先得15分的一方胜一局。
④女子单打先得11分的一方胜一局。

⑤双打和男子单打，13平或14平（女子单打9平或10平）时，先获13分或14分（女子单打先获9分或10分）的一方，可以选择"再赛"或"不再赛"。这一选择只能在规定分数第一次出现，下一次发球发出之前做出。13平（女子单打9平）时不选择"再赛"，在14平（女子单打10平）时先获14分（女子单打10分）者仍可选择"再赛"。

⑥选择"再赛"后从"0比0"开始报分，先获"再赛"分数的一方胜该局。13平再赛到一方先到5分；14平再赛到一方先到3分；9平再赛到一方先到3分；10平再赛到一方先到2分。

⑦在下一局开始由上一局的胜方先发球。

2. 新制比赛的计分方法

①类似曾经的乒乓球记分方法，采用21分制，即双方分数先达21分者胜，3局2胜。每局双方打到20平后，一方领先2分即算该局获胜；若双方打成29平后，一方领先1分，即算该局取胜。

②新制度中每球得分，并且除特殊情况（比如地板湿了，球打坏了），球员不可再提出中断比赛的要求。但是，每局一方以11分领先时，比赛进行1分钟的技术暂停，让参赛双方擦汗、喝水等。

③得分者方有发球权，如果本方得单数分，从左边发球；得双数分，从右边发球。取消（单打）后发球线。在第三局或只进行一局的比赛中，当一方分数首先达到11分时，双方交换场区。

（四）技、战术的发展

每次规则的改变都促进技、战术的发展。羽毛球运动从开创至今，技、战术的发展从简单到全面，从全面到快速灵活，从快速灵活到多变，其中产生了几次飞跃。

第一次飞跃是在开创时期。这一时期英国选手垄断整个世界羽坛，虽然他们的技术比较单一，打法陈旧，几乎没有战术变化，但是他们的技术水平一直处于领先地位，为羽毛球运动传播到全世界立下了头功。

第二次飞跃是在20世纪50年代至60年代中期。这一时期是羽毛球的技术与战术全面发展的时期，男子技术优势从欧洲全面转向亚洲，形成了亚洲人在世界羽坛称雄的局面。这一时期，主要以拉、吊打法为主。

从1958年开始，羽毛球技术开始向快速、灵活的方向发展，以较快的速度运用下压抢网和加强扣杀上网的技术打法代替了以技术性为代表的打法。在这一时期，中国虽然没有参加正式的世界比赛，但技术与战术水平提高很快，达到世界先进水平，体现了快攻打法的特点。快攻打法除脚步移动快以外，还表现在后场跳起扣杀后快速上网高点击球、两边起跳突击、发球抢攻等方面，特别是中国运动员"快、狠、准、活"的技术风格，为推动世界羽毛球运动的发展做出了巨大贡献。

20世纪60年代末至70年代初，在研究中国技术特点的基础上，世界羽坛注重速度和进攻，发展了新技术；印度尼西亚出现了具有代表性的劈杀技术以及双脚起跳扣球技术，使世界羽毛球技术水平迅速提高。

第三次飞跃是在20世纪80年代。世界羽坛技术与战术向快速进攻、全面、多变的方向发展，以中国、印度尼西亚、印度、丹麦、马来西亚、韩国为代表的各国选手打法更全面，变化更多，速度更快，特长突出，攻守兼备而各领风骚，技术已达到炉火纯青的地步，进入世界羽毛球运动史上的巅峰期。现在世界羽毛球运动技术与战术发展总趋势正在向"快速、全面、进攻和多拍"方向发展，"快速"反映在出手动作、步法移动和判断反应以及战术变化等方面的速度加快；"全面"是指技术全面、攻守兼备、控球能力强，具有良好的身体素质和心理素质；"进攻"是凭技术特长，先发制人、积极主动，以抢攻为主；"多拍"是在战术变化中，通过若干次攻守回合，提高控球能力，减少失误，力争主动，控制比赛局面。

世界级优秀选手所具备的基本条件是在快速的运动中能全面掌握和运用各项基本技术，能力的体现更侧重于变速进攻，进攻技术也更着重于发展具有个人特色的快速、凶狠的变速突击技术。欧洲选手利用身材高大有力的特点，已从偏重控制底线的打法转向强调进攻、突出发球抢攻、以下压控制网前为主的打法；亚洲选手则更侧重利用自身灵活的特点在技术全面的基础上发展变速突击的技法，打法以拉开结合变速突击为主。尽管欧亚选手在战术的组织上各有不同的特点，但在突出快速、进攻，强调提高进攻的威胁性和有效率方面却是共同的。同时，对网前的争夺也越来越激烈，除了抢高点击球外，也更重视网前技术的质量与变化，比赛中能否有效地控制网前，已成为高水平运动员获取进攻机会和得分的主要手段。

（五）组织及协会

为了推动羽毛球运动的发展，各国及各地区纷纷建立了各种羽毛球组织。最具有代表性的是1981年由国际羽联和世界羽联合并而成的世界羽毛球联合会。世界羽毛球联合会的成立，为羽毛球运动的发展做出了前所未有的贡献。2006年9月24日，世界羽毛球联合会正式改名为现在的羽毛球世界联合会。其任务是在全世界普及和发展羽毛球运动，促进各国羽毛球协会的联系的同时提倡各国多举办一些国际性羽毛球赛事。

1875年，英国成立了第一个军人羽毛球俱乐部。1893年，英国已有14个羽毛球俱乐部，他们举行会议，正式成立了"英国羽毛球协会"。当时，英国羽毛球协会对羽毛球运动的开展和传播起了积极的推动作用。这项运动首先在欧洲传播，然后发展到美洲、亚洲和澳洲。20世纪二三十年代，加拿大、丹麦、马来西亚等国也相继成立了羽毛球协会。

　　为了推动世界羽毛球运动的发展，1934年，由英格兰、法国、爱尔兰、苏格兰、荷兰、加拿大、丹麦、新西兰和威尔斯9个羽毛球协会共同协商成立了"世界羽毛球联合会"，简称"国际羽联"。国际羽联第一任主席是汤姆斯，总部设在伦敦。1978年，在中国香港地区成立了"世界羽毛球联合会"，简称"世界羽联"。为了推动世界羽毛球运动健康、稳步的发展，经过许多国家羽毛球界人士的共同努力，1981年，国际羽联和世界羽联正式合并，成立了"世界羽毛球联合会"，简称"国际羽联"，使世界羽毛球运动产生了新的飞跃，出现了欣欣向荣、生机勃勃的景象。目前，国际羽联已有100多个国家和地区参加，1992年，国际奥委会把羽毛球比赛列入奥运会的正式比赛项目，羽毛球运动进入了前所未有的发展时期。羽毛球已成为印度尼西亚的国球。

第二节　羽毛球运动基本知识

一、羽毛球常用术语

（一）技术术语

　　高远球。用较高的弧线把球击到对方底线附近，以削弱对方的进攻威力，消耗对方的体力。

　　吊球。把对方击来的球，从后场轻巧地还击到对方网前地区，叫吊球。它是调动对方、打乱对方阵脚、配合战术的一种击球技术。

　　杀球。杀球是把对方打过来的高球，尽量在高的击球点上用力扣压下去。这种球力量大、速度快，主要包括正手杀球、反手杀球和绕头杀球3种技术。

　　放网前球。放网前球是将对方的吊球或网前球，用球拍轻轻一托，使球一过网顶就朝下坠落。

　　搓球。搓球是放网前球技术的一种发展。击球点大约与肩同高时，利用"搓""切""挑"的动作，摩擦球托底部，使球改变在空中的正常运行轨道，产生沿横轴翻滚或纵轴旋转越过网顶。

推球。推球是与网前假动作相配合，在引诱对手上网时，突然将球快速推到后场底角。

勾球。勾球是在网前回击对角线的球。它和搓球、推球结合起来运用，常能达到声东击西的效果。

扑球。扑球是双打中常用的一项进攻技术。当对方发网前球或回击网前球，球越过网顶时，弧度较高，即迅速上步在网前举拍扑杀。

挑高球。挑高球是把对方击来的吊球或网前球挑高，回击到对方后场去。这是在比较被动的情况下，采取的一项防守性技术。

抽球。抽球是击球平飞过网的一种打法。抽击时，击球点在肩部以下的两侧，是下手击球速度较快的一项进攻技术，常用于双打。

接杀球。接杀球是转守为攻的打法，分为挡网前球、抽后场球和挑高球。

判断起动。判断起动是由接球前的准备动作开始，在对方击球的瞬间判断来球方向，同时双脚前脚掌迅速蹬地向来球方向起动。判断起动快是迅速移动到位、争取有利击球位置的前提和保证。

蹬步。蹬步是由支撑腿向前、后、左、右等方向用力蹬地获得力量所产生的脚步位移。

跨步。跨步是一脚向前、后、左、右跨步，伴随手臂完成击球。步法间的调整多用跨小步，跨大步用于最后击球。

跳步。跳步是争取击球时间和获得击球高度而腾空跃起的击球步法，用跳步配合完成各种击球动作。

垫步。垫步是幅度小、速度快的一种移动步法，用于步法间的衔接。

并步。并步是一脚先移动，另一脚立即向先行脚并拢，完成位移。

回位。回位是由跨步或跳步完成击球动作后立即向中心位置回动，保持身体平衡，是快速回位的关键。

步法慢。步法慢是指场上脚步移动跟不上对方击球的速度。

手法。手法是手臂击球的动作方法。

击球点。击球点是球拍与球接触时身体、球拍与球之间的距离位置。

击球点偏前。击球点偏前是身体、球拍与来球间距离位置相距太远，身体位置在后，击球点在前，形成"够"球打之势，击球位置偏前，出球容易下网。

击球点偏后。击球点偏后是击球点位置在身体平行面之后，击球位置偏后，不利于发力。

击球点偏低。击球点偏低是击球点位置距离身体太近，屈臂击球，不利于发力。

（二）战术术语

1. 拉吊突击

拉吊突击，顾名思义，就是拉开对方的位置，寻找机会，下压突击的一种得分手段。

拉吊突击是用高球、吊球来拉开对手，当对手不能及时回到场地中间或失去重心时，抓住对手的弱点和空当进行有效的突击。

2. 下压抢网

对方发高球以后，马上争取下压，下压的目的不是马上争取得分，而是通过下压以后，争取网前的主动。

下压抢网是以杀吊进攻为主，迫使对方在被动的情况下，把球回到网前，然后快速上网，用搓、推、勾、扑等技术手段，赢得主动。

3. 压后场

压后场是指重复使用平高球，压住对手的两个底线，使得对手回球不到位或回球质量不高时，把球打到对手的空当，进而得分。

4. 压反手

压反手，是比较实用的战术。可以通过调动对方的位置，比如，先调动对方上网，暴露对方后场空当后，通过打对方的头顶区，迫使对方出反手，从而导致回球不到位，为自己争取下一拍的主动进攻。发网前平球，挑球到对方反手后场，再杀对方正手，得分。

5. 发球抢攻

发球抢攻是指通过发网前球、发追身球，或者发平球等方式相结合，打乱对方的战术节奏，为自己创造第三拍的主动进攻机会。

当自己在比赛中处于逆势，或者比分落后，这时候可以用发球抢攻来打乱对方的战术和进攻节奏。

比如，发网前平球，杀对方正手空当得分；发平球，杀对方反手空当得分；发平球，用滑板吊对方网前球得分。

6. 杀中路

通过拉开对方的四个点，趁对方防备不足时，打对方中路，打追身球。先拉开对方寻找时机，在对手回中时，突然杀追身球得分。

比如，接发球，用高远球打对方正手位，再用高远球压住对方反手，对手回中时，出其不意杀中路追身，得分；接发球，用高远球压对方正手位，搓短球到对方正手网前，杀追身球得分。

二、羽毛球运动准备活动及运动恢复

（一）准备活动

准备活动指人们为完成正式运动所做的各种身体练习。这是健身的第一步，不可忽略这一过程。准备活动可分为一般准备活动和专项准备活动。一般准备活动是所有运动形式所共有的，如身体各部位的伸展、关节活动等。专项准备活动则针对正式运动形式所进行的身体练习，如足球运动前加强膝、踝关节及腰部肌肉活动等。对于羽毛球运动来说，进行一般准备活动即可，以活动关节、牵拉韧带等伸展性练习为主，时间一般为5～10分钟，视当时身体状况、气温、负荷强度等因素而定。若身体神经系统机能状态较差、气温较低、所进行的负荷强度较大，则准备活动时间要相对长一些。

1. 准备活动的作用

（1）提高机体代谢水平，升高体温

体温升高可使肌肉黏滞性下降，便于提高肌肉的收缩、舒张速度及收缩力量。此外，体温升高还可使体内血红蛋白和肌肉中的肌红蛋白释放更多的氧气，提高神经系统的兴奋性，改善肌肉和韧带的伸展性，以防运动时拉伤。

（2）提高内脏器官的机能水平

人体内脏器官的机能与骨骼肌机能相比较，内脏器官机能动员较慢，运动后恢复也较慢。如原地高抬腿跑练习，骨骼肌能立即收缩完成此动作，但心跳、呼吸等功能指标变化较慢，常常是动作完成了，心率、呼吸频率才加快。我们把内脏功能与肌肉运动功能变化不同步的现象称为内脏器官的"生理惰性"。通过准备活动，逐渐消除"生理惰性"，可以避免运动时身体缺氧的发生。通常准备活动以微微出汗且自我感觉已活动开了为宜，心率一般在80～100次/分钟。

2. 常用的准备活动伸展练习方法

①先通过慢跑，让全身的肌肉运动起来，血液循环速度加快，以身体发热为度。

②拉伸肌肉、韧带，这对于避免拉伤很关键，柔韧练习包括静力性拉伸和动力性拉伸。静力性柔韧练习，即通过压肩、拉肩、压腰、压腿，拉跟腱等，使各关节肌肉、韧带具有良好的延展性和灵活性；动力性柔韧练习，即通过扩胸、踢腿、绕腕、绕踝、转颈、绕肩、转腰、扭髋、屈膝等动作，关节活动幅度尽可能大，使各关节更为灵活。

③专项准备活动。先进行空挥拍、绕八字练习，以及米字形步法等无球

练习。有球练习最好先进行半场平抽挡练习，然后再进行高远球练习，然后就可以进入正常的活动了。如果是准备参加比赛的话，最好再进行一些全场快速起动、全场步法练习、吊上网、杀上网等。

同时，羽毛球运动员赛前准备活动以提高身体温度、身体微微出汗为度；合理调整准备活动时间。

（二）运动恢复

羽毛球运动后体力恢复得快与慢，关系到运动的效果。如果运动当中没有疲劳感，对机体的刺激不大，就不会导致超量恢复的出现，也就不会有运动能力的提高；反之，如果运动后疲劳消除不了，逐日积累，不但不能提高技术水平，反而会导致过度疲劳、过度紧张和过度运动等不正常状态的出现，进而无法继续参加该项运动。运动后最常用的恢复手段有以下几种。

1. 生理学恢复法

在羽毛球训练的次或组间歇进行积极性休息，如牵拉运动的肌肉，将易疲劳的腰、腹肌、股四头肌和小腿三头肌及颈部肌肉等进行主动、被动地牵拉与静力性伸展，以缓解即刻性肌肉酸痛，及时消除肌肉疲劳。睡眠是人体的基本生理现象，人体生长素分泌的高峰就在睡眠期，每天8～9小时的高质量睡眠是保证训练和恢复的必备条件。

2. 物理学恢复法

在大强度和大运动量训练之后，主要采用按摩、温水浴等医学物理手段。按摩是用手法作用于人体体表的特定部位以调节机体生理、病理状况，达到理疗目的的方法，可使肌肉得到放松，可减轻肌肉的酸痛，缓解肌肉的紧张状态，减轻负担，加强局部血液供应，促进新陈代谢，加速肌肉代谢废物的运输和清除，增加关节活动度，加速机体恢复。要求抓住人体恢复的最佳时间，在训练结束后立即进行，因为这时进行全身按摩放松，主要用力肌群的反方向牵拉、踩腿、踩腰及拍打放松等，对心肺功能和肌肉系统的恢复、消除血乳酸等都会收到事半功倍的效果。

温水浴是消除肌肉疲劳的一种最简单的方法，其主要原理是温度的刺激。它可刺激血管扩张，促进血液循环和新陈代谢，加速代谢产物的排出，改善神经肌肉的营养。刺激的强度又取决于水温和皮肤的温差，一般水温以40度左右为宜，时间一般为10～15分钟，每天不超过两次，每次最长不超过20分钟。入浴时间过长，次数过频，水的温度过高，也会消耗能量而造成疲劳。

3. 营养学恢复法

对于羽毛球竞技运动项目而言，运动员在保证平衡膳食的基础上，在重大比赛期合理地补糖可以促进机体机能的恢复。补糖时应注意避免赛前15～45分钟内进行，因为此时容易引起胰岛素增高，使运动中机体血糖含量下降。运动后补糖时间越早越好，因为糖原合成酶的活性在运动结束后5小时最高。研究报道指出，高碳水化合物只有在进行一次长时间耐力运动前3天或更早时间临时食用，才能起到助力的作用。此外，提高抗氧化剂的水平，可以预防肌肉疲劳。几种微量营养素被认为是强有力的抗氧化剂，如维生素AE、维生素C（赛前3周，600毫克/天）及β-胡萝卜素、锌和硒等，能起到间接促进运动后的恢复作用。在运动过程中排汗量较多时，可造成脱水，血容量减少，皮肤干燥，钠、钾、氯、磷酸盐及钙等无机盐排出量显著增加，合理补水和无机盐有利于促进恢复，提高比赛成绩。

4. 中医学恢复法

目前，很多研究表明补益中药具有抗疲劳的作用。

同时，按中医学说外耳是十二经脉的汇合区，互相贯通于此。现代医学认为，人体各部内脏器官在耳郭上都有反应点，其分布相当于一个人的缩影。全身疲劳、体力下降用耳穴压丸，可获良好效果。曾有些运动员本来准备调休，后采用贴压治疗，让他们继续参加运动。10天后观察，疲劳程度非但没有加剧，而且还有所缓解。一般参加羽毛球运动疲劳时均会出现"肾虚"，可以用胶布贴压王不留行或2毫米的塑料丸于肾、皮质下等耳穴上。一旦找到穴位，用手按压贴压药丸数次，每天刺激三四次。如睡眠不佳可加贴神门穴，食欲不佳加贴胰胆穴，可有效缓解这些症状。

5. 训练学恢复法

采用减量训练，即在大负荷训练课后，安排小负荷或中等负荷训练，既能保证训练，又能进行积极性休息。另外，在训练课中可以安排多项练习内容进行交替，因为不同的活动类型动用的肌群不完全相同，而活动类型较多时，完成一项活动所用的肌肉群在进行另一项活动时就会得到休息和即刻恢复。此外，跳跃性负荷节奏的训练本身就有助于身心恢复。

6. 免疫学恢复法

免疫学恢复亦即预防性恢复。动物和人体的实验结果表明，剧烈运动会降低免疫机能。若长期进行此种运动，免疫机能会逐渐降低，发生越来越严重的免疫抑制现象。在这种情况下，机体急需一个"恢复期"来保护内环境。

服用补气、补血和补肾的中药，进行免疫调理，可以促进恢复。此外，重大比赛前，尽可能避免接触传染源，尽可能不到拥挤的人群中，以减少传染机会。在流感易发季节来临之前，接种流感疫苗，以防止因感冒服药带来的不必要的麻烦。如果已经患轻微感冒或已经发烧，应该等待症状消失或彻底痊愈后再进行大强度的训练，避免过度训练和慢性疲劳。

7. 心理学恢复法

大强度训练和比赛中，羽毛球运动员常因受到各种条件的影响而导致心理活动波动较大，这就需要运动员学会自我心理调节，以便排除由于环境条件变化而引起的异常心理变化。通过专业心理疏导调节大脑皮层可以降低神经、精神的紧张程度，减轻心理的压抑状态，加快神经能量的恢复，从而加速身体其他器官、系统的恢复。

运动性心理疲劳恢复训练的方法很多，内容也很广泛，主要包括四种方式：谈话、想象放松、神经-肌肉的自我心理调整练习和音乐放松。谈话法主要针对情绪明显低沉或由于人际关系发生冲突而形成心理压抑的运动员，通过谈话帮助他们解除心理障碍，启发他们全面认识和对待各种问题。想象放松是指运动员想象自己处在某种使他们感到放松和舒服的环境之中。运动员仰卧，四肢平伸，处于安静状态，闭上眼睛，注意状态集中在大脑所想象的事物上，如温暖阳光在照射、迎面吹来阵阵微风、海浪在有节奏地拍打、正在树林里散步等。神经-肌肉的自我心理调整练习即借助语言暗示以及与语言一致的思维形象作用于自身，改变情绪反应及各系统和器官的机能状态。音乐放松要精心挑选一些轻音乐，可以降低不必要的兴奋性，或从忧郁状态转到良好的心境中。

8. 药物恢复法

可以促进恢复的中西药物很多，有人统称这类药物为"强壮剂"。由于国际奥委会医务委员会有规定，凡属兴奋剂的药物一律禁用，所以在应用药物过程中一定要记住有无属于兴奋剂的药物，以免误用。另外，要求药物对运动者安全无害，不能为了消除疲劳而采用对运动者健康有害的药物。而且即使是无害的药物，如果用得不当或剂量过大，也会产生一系列副作用，所以一定要在医生的指导下合理使用。人体运动负荷后的疲劳机理是复杂的，原因也是多方面的，但占主导的是神经系统与内分泌系统方面的原因。

人的大脑皮层的活动有两种：兴奋和抑制。正常情况下都存在，相互抑制、相互转换，同时，皮质醇与睾酮也处于平衡和协调状态。但在体力负荷时平衡被打破，在短时间的最大强度运动时皮质醇与睾酮同步增加；而在长时间的中等强度或反复的短时间运动中，则皮质醇大量增加，而睾酮不但不增加，反而出现衰竭，即使第二天不参加剧烈运动仍不能恢复正常，疲劳迟迟消除不了。皮质醇又称异化（分解）激素，来自肾上腺皮质，是肌体对运动刺激的基本反应。它抑制蛋白合成，使肌力下降；它抑制睾酮产生，有利于糖原和脂肪分解，为运动时提供大量能源；它抑制脂肪生成，对抗胰岛素，促进肝内糖原异生作用，增加糖储备，使血糖增加，有利于运动，但很快耗尽。睾酮又称同化（合成）激素，由睾丸或卵巢及肾上腺皮质分泌。它抑制肌糖原分解，激活糖原合成。正常睾酮量是肌糖原快速恢复所必需的。如果睾酮衰竭，则肌糖原迟迟不能恢复，疲劳也难以消除。睾酮还通过肌细胞同化激素受体组成肌蛋白，刺激红细胞生成，变氮负平衡为正平衡，使尿氮排出量减少。它使人有战斗性、欣快感，减少中枢神经疲劳，恢复快，并增加游离脂肪酸的利用；更重要的是它直接作用于肌细胞皮质醇受体，减少其联系，对抗皮质醇。

常说的过度紧张、过度训练、过度疲劳，可能是运动员长期处在慢性异化蛋白状态，肌糖原耗尽，肌蛋白受破坏，而睾酮下降乃至衰竭所致。消除疲劳、恢复体力，中医离不开"补肾、益气、助阳、滋阴"，西医离不开促进睾酮或补充睾酮，不然就疗效平平或干脆无效。几千年来中医所说的"肾"的功能，从现代医学观点看来，包括神经、内分泌、肾脏、骨骼等方面的功能，其中和性腺机能的关系尤为密切。"肾虚"者雌激素升高，雌二醇与睾酮比值升高，也就是说不但雌二醇上升，睾酮也下降。不少疲劳或过度疲劳的运动员，被中医诊断为"肾虚"，也就是睾酮下降。

三、羽毛球项目礼仪知识

（一）日常练习时应当遵守的礼仪

①主动捡球。当球落地时，一般情况下，由球所在场地一方捡球。球触网落在中间时，双方都应该主动上前捡球。不要因为是对方打下网的，就站在原地不动。

②不要急着捡球。初学打羽毛球时肯定会出现满场找球的情况，但是当你的球滚入邻场而邻场的球员正在练球时，请耐心等待别人击球结束后再去捡球。

③发球时先看一看对方是否已做好了接球的准备，最好将球举起来示意一下。不要连看都不看就将球发出去，这样别人很可能接不到球，这也是对对手的不尊重。

④任何时候都不要触压球网,即使在和对方进行语言上的交流。

⑤练球时,当对方的回球靠近底线时,应主动告诉对方他打过来的球是界内、界外,还是压线。

⑥练球时当击球出界或还击下网时,尽管不是有意如此,但也应该向对方说声"对不起",这样会显得更加绅士。

⑦若多人同时用一个场地时,场上球手不要霸着球场一直练习。

⑧打球时要带上自己的球、球拍、饮用水、护腕等,不要随意向他人借取索要。

(二)比赛应该遵守的礼仪

①球员参加比赛时,在赛前练球热身过程中有义务为对方的练习提供帮助,任何有意妨碍对方练习的做法都是有失风度的。

②比赛时注意力要集中,认真对待每一个球。漫不经心是对对方的轻视,也是对搭档的不尊重,在羽毛球场上是很不礼貌的行为。

③球场上不要踢球。羽毛球是用拍子打的,不是用脚踢的。

④羽毛球场上应该相信裁判,听从裁判的判决。业余比赛中,若无裁判,应相信离球最近的人的判断。若仍存争议,最好的解决办法是重打。固执己见不是好球风,至少说明你怀疑对方球品:他想通过不正当手段得利。

⑤如果打出一记幸运球"luck ball"(球擦网后,改变方向和速度,落在对方场内),要说声抱歉或举拍示意。

⑥不留神把球扣在拍框上了,球落入对手场内,不要得意忘形,应向职业选手那样,将球拍面向对手以表示歉意。

⑦当对手击出好球时,应为其鼓掌。特别是在比赛中,当对手打出了自己很难击出的漂亮的球时,尽管懊丧与遗憾,也应如职业赛手那样,用手轻拍球拍,表达自己的热情与潇洒。多赞扬对手,自己的心胸也会变得宽阔,这份宽裕的心情也许就会激励自己打好下一个球。

⑧对对手的失误,不要过于喜形于色,过于高兴时易使对手心情不快。

⑨比赛结束的时候,无论胜负都应该主动和裁判及对手握手。伸出握拍手,眼睛直视对手,持手相握,把自己的握拍手伸向对手意味着友好,并表达善意与鼓励。

(三)打羽毛球时对服装的要求

首先,标准的羽毛球赛穿戴:男球手穿带领子的半袖运动T恤衫和运动短裤;女球手穿中袖或无袖上衣及短裙或连衣短裙。羽毛球服饰通常以白色为主。

其次，进入羽毛球场一般穿专用的球鞋，不允许穿硬底鞋或带钉的鞋入场；赤脚和赤脚穿鞋入场打球会被认为有失雅观。

（四）观看羽毛球比赛时应当注意的礼仪

①在球员发球的时候，不要用闪光灯拍照，更不要发出声响。

②观看比赛时应尽量避免携带能发出声音的物品或关掉其声音。从球员开始准备发球到一分结束，观众在此过程中最好不要随意交谈、吃东西、叫好、喝彩、鼓掌。

③如果观看羽毛球比赛时迟到，应该在球员休息的时候进场，以免影响球员的注意力，干扰比赛；同样，如果在观看比赛的时候离开观众席，也要在球员休息的时候离开。

第三节 羽毛球运动的特点及意义

一、羽毛球运动的主要特点

（一）不确定性

在进行羽毛球运动时，从击球时的某种击球手法和移动步法来看，是有一定规律的。但受对方击球后来球的方向有左有右、来球的角度和弧度有大有小、来球的距离有长有短和来球的力量有强有弱等不定因素的影响，球的落点变化无常，因此运动中技术动作没有固定不变的模式，一切技、战术都是在"动态"的状况下完成的。同一情况可以用几种不同的方法处理，而且由于对手的状况不同，回击球对自己的影响也是不同的。羽毛球的多变和不确定性，要求选手具有在场上全方位出击的能力，选手必须在极短时间内，运用交叉步、垫步、跨步、蹬跨步、蹬跳步起跳等步法向来球的方向迅速移动到适当位置，并以发球、前场、中场和后场等技术将球击向对方场区。羽毛球运动这种不确定性特点，决定了速度素质、力量素质和耐力素质是这一运动的基础。

（二）比赛无时限

羽毛球竞赛方式要求选手具备长时间持续的工作能力，随球忽快、忽慢不停地移动击球。羽毛球运动要求球员具备的素质不是长跑运动员所具备的周期性运动耐力素质，而是一种符合羽毛球运动特点的专门化速度耐力素质。耐久力很强的长跑健将，在羽毛球场上往往比羽毛球选手更快感到疲劳，因为长跑运动员习惯于持续的周期性运动，而优秀的羽毛球选手则具备一种强度经常变化，并与速度和灵敏性紧密结合的专门性速度耐力。其变化幅度的大小，取决于竞赛双方选手的技、战术质量。羽毛球比赛通常采用三局二胜制，先得到规定分数的一方为胜方，不受时间限制。大型比赛中，无论是单打还是双打比赛，双方选手实力相当，久攻不下的情况比比皆是，有时一个球的竞争就要打一百多拍，拿一分非常不容易，一场比赛可能持续一个多小时，甚至两个小时，双方体力消耗巨大。这种发展趋势，使比赛变得更加艰苦，对选手身体素质能力的要求也就更高了。

（三）快速爆发力量

从羽毛球选手在场上身体运动的动作来观察，选手的上肢运动是通过手臂肌肉运动产生爆发力，并挥动羽毛球拍将球击出的；下肢运动是下肢肌肉在力的作用下快速移动，使人体在短时间内到达合适的位置，协调上肢完成击球动作。因此，羽毛球运动员需要的力量素质必须与速度紧密联系在一起，需要一种动力性的速度力量，即爆发力。下肢爆发性的起动蹬力，会加速身体的移动；上肢爆发性的手指与腕部力量，能使击球动作更加有力。

（四）瞬息万变

羽毛球飞行的速度对选手的灵敏素质提出了很高的要求。选手在运动中动作转换的快慢，对来球的判断是否准确，都会直接影响对抗中的主动权。每一项技、战术的运用实施，都离不开选手的判断快、反应快、起动快、移动快、蹬跳快、击球动作快和回动快，选手既要在变化莫测的瞬间判断来球的方向，迅速向来球方向移动击球，又要根据对手的位置迅速决定回击的对策。因此，羽毛球选手只有具备了这种快速灵敏素质和思维决断能力，才能在激烈的竞争中立于不败之地。

（五）全方位运动

羽毛球属于轻巧型球类运动，具有全方位运动的特点。两把拍子一个球，无论走到哪里，无论在室内室外和是否架网，只要有空地，就能进行羽毛球运动。

场地方便，器材简单，老少皆宜，充满乐趣，形成了羽毛球运动特有的风格。它既是集技巧性、智能性和对抗性于一身的竞技比赛项目，又是强身健体、趣味性强、普及面广的大众体育运动项目。任何人都可根据自己的年龄和身体状况，选择适量的运动强度。羽毛球运动可满足不同年龄、不同训练层次的爱好者的需求。少年儿童进行羽毛球运动，能通过在场上不停地奔跑跳跃击球来增强身体的协调能力，提高反应和灵敏度，促进身体生长发育。

在此过程中，还能培养他们不怕困难、不甘落后的品质，从小养成运动锻炼的良好习惯，为将来的学习和工作打下良好的身体基础。青少年进行羽毛球运动，能培养他们对体育的兴趣爱好，树立健康的生活意识和养成终身进行体育锻炼的习惯。一定强度的羽毛球运动，既能提高身体各方面的机能，促进身体健康成长，又能培养顽强的拼搏精神和优良的意志品质，从而提高身体素质和心理品质，是促进品德、体能和智力发展的良好途径。

成年人利用业余时间进行羽毛球运动，不但能加快身体的新陈代谢，保持匀称体形，还能缓解生活压力，提高工作效率。羽毛球运动可作为一项家庭娱乐活动，它不仅能锻炼身体，还能使家庭成员感情和谐、关系融洽、身心舒畅。

老年人和体弱者从事羽毛球运动时应放慢运动节奏，进行一些活动量小的击球运动，以达到舒展筋骨的目的。经常参加羽毛球运动能促进血液循环，长期锻炼能保持肢体的协调性和敏捷性，有利于身心愉快，延年益寿。

二、参加羽毛球运动的主要意义

（一）有助于增强体质

羽毛球运动可以全面增强人的体质。前场、后场快速移动击球，中后场的大力扣杀球，被动时的扑救球，双打的换位击球等都需要练习者有较好的力量素质、速度素质、耐力素质、灵敏素质、柔韧素质以及快速的反应能力。

扣杀需要力量；在双方对拉回合的过程中，为了取得主动练习者需要有较快的速度和持久的耐力；在扑救球时（多半是被动情况）又需要有很好的灵敏度和柔韧性；双打中又需要极快的反应与判断能力。

因此，经常从事该项体育活动可以发展人体的灵活性、协调性，可以提高人们上下肢及躯干的活动能力，改善呼吸系统和心血管系统的功能，提高有氧供能和无氧供能的能力，调节神经系统并提高其抗乳酸的能力，而且能起到促进健康、抗病防衰、调节精神的作用。

（二）有助于培养意志

羽毛球比赛经常遇到这类情况，即运动员出现了"极点"：喘不上来气、身体无力、眼前发黑、感觉自己再也坚持不下去了。

这种现象不是一方出现，在势均力敌的情况下往往是双方先后都会出现，甚至几乎是同时出现（如一个球打了很多回合），这时就看谁能再坚持一下，胜利往往属于再坚持一下的人。那么靠什么去坚持，靠顽强的意志品质和坚定的信念。

即使不在比赛中，这项活动也需要有较强的意志力，否则练习者将不会很好地完成该项练习，使练习中应该产生的愉悦感、趣味性及锻炼价值荡然无存。

（三）有助于培养竞争意识和进取精神

公平竞争是促进社会进步与发展的动力，竞争精神是现代人的重要品质。羽毛球运动特有的对抗性、强负荷的锻炼方式，有助于培养充满自信、不畏困难、顽强拼搏、积极进取的现代人才。

（四）有益于加强文化修养

参与羽毛球运动，了解羽毛球运动的发展历史和文化背景，学习并遵守运动规则，形成尊重对手和尊重裁判员的赛场作风，对培养协作、忍让、谦虚、豁达等优良品质大有益处，有利于树立正确的人生观和世界观。

（五）有益于陶冶情操

参与羽毛球运动能够保持优美潇洒的姿态和朝气蓬勃的精神状态。无论是参加羽毛球比赛，还是观看羽毛球比赛，都能从中体会到灵动变化之美，感受到这项运动的魅力。可以说，打羽毛球就是一个发现美和创造美的过程，其中乐趣无穷。

第四节 现代羽毛球运动教学

一、羽毛球运动的教学阶段

羽毛球教学，不仅能教会学生羽毛球技能，发展学生的身体素质和运动能力，增强体质，还可以激发学生练习羽毛球的兴趣，提高学生自觉进行锻炼的积极性。尽管羽毛球本身的趣味性很强，但教师还是要根据学生的具体情况和教学原则，灵活运用各种教法，更好地实现教学目的。根据运动技能的形成规律和羽毛球运动的特点，羽毛球技术的教学过程可以分为三个教学阶段，每个阶段的任务以及相应的教学要求都有所不同。

（一）粗略掌握动作阶段

初学者在经过熟悉球性的训练后，在开始学习各种技术时，都要经过这一阶段。在这一教学阶段，通过教师的示范、讲解，学生对所学的技术有一个初步印象，并通过学生自己的模仿练习体会肌肉发力的感觉，粗略地掌握动作。在这一阶段，学生对球的落点和弧线判断不是很准确，引拍不够及时、充分，击球点出现偏差，会出现多余动作，且动作紧张、费力、不协调。教学中教师应注意精讲多练，抓动作要点，以正确的示范和简练的讲解使学生初步建立动作概念，多让学生自己去体会动作，不必过多强调动作细节。

（二）纠正错误、改进动作阶段

在这一教学阶段，主要纠正学生的各种错误动作，改进他们的技术，提高动作的准确性、协调性和实效性。学生通过反复练习，逐渐消除了紧张，动作质量、回球质量都明显提高，但动作仍不够熟练，没有形成自动化。教学中，教师应通过示范和讲解，帮助学生理解正确的技术规范，体会动作细节，使动作日趋标准。教师要注意观察学生的动作，抓主要毛病，采取针对性措施及时纠正。教师的精力主要集中在这一教学阶段。另外，教师应根据学生的不同情况，加强个别指导，注意因材施教。

（三）巩固和完善动作阶段

在这一阶段，学生的动作已基本定型，能够比较轻松、准确地完成动作。教学中，通过反复地练习，逐渐使学生的动作自动化，力争每一次击球都打得轻松、自如、熟练、省力。在这一阶段应注意练习手段的多样化，要采取分组比赛的方式，调动学生练习的积极性，增强初学者的兴趣。初学者从不会打球到熟练击球，都要经过上述三个阶段，这三个阶段是有机联系的完整过程。因学生个体的素质、学习态度等不尽相同，在不同阶段学习的时间也不同。因此，教师应善于根据学生的特点采取适当的教法，以促进学生技能的提高，更好地完成羽毛球教学任务。

二、羽毛球运动的教学要求

（一）改变陈旧的教学理念

体育教学注重学生体验和个性的解放，对培养学生的人际关系比较有帮助，毕竟这和平常上课的紧张氛围不同，羽毛球教学能使学生处于轻松状态中，从无形中确保其身心健康发展。作为羽毛球教学教师，要着力培养学生的自主学习能力，让学生真正参与到羽毛球教学中，使得教师讲得轻松，学生学得快乐，一定要摆脱过去陈旧教学理念的桎梏。

（二）加强理论知识学习

任何一项学科的学习都需要理论知识做支撑才能取得成效，羽毛球教学亦是如此，不要只重视实践练习，也要帮助学生熟悉羽毛球文化背景，从深层次加强学生的理论知识，特别是技术层面，需要理论做指导，只有技、战术水平提高了，才能使学生更喜欢羽毛球运动。

（三）利用多媒体教学

羽毛球教学中很多技术要点仅凭口述学生无法掌握，如果碰到一些更加复杂的动作，学生需要反复练习，此时就可以利用多媒体来进行教学，通过反复观看视频研究技术动作，以确保自己的动作和要求相一致。不同高校要从实际出发，制作不同的课程视频，然后配合文字和动作示范来进行讲解。

（四）重视裁判法和规则

裁判法和规则是务必要教授学生的，因为这可以使学生对羽毛球技术的理解和裁判要求保持一致，而且这样也能从正确的方向提高学生的羽毛球技、战术水平，帮助他们在规则范围允许的情况下科学施展自己的羽毛球技能。另外，重视裁判法和规则，也可以提高羽毛球运动的观赏水平，确保学生体育能力的提升。

三、羽毛球运动理论与实践的教学目的

羽毛球运动理论与实践的教学目的是系统介绍羽毛球运动的发展历程、基本概念、基本技术和战术、体能素质、心理素质、竞赛规则、裁判方法和运动常识，指导学生正确理解羽毛球运动的规律，帮助学生逐步掌握羽毛球运动的主要技、战术，培养学生对羽毛球运动的爱好和兴趣，为开展和普及羽毛球运动培养专门的技术人才。具体说有下列目的。

①体育运动所传播和宣扬的奥林匹克精神、原则和体育道德，如竞争、协作、团结谦虚、诚实、公正、友谊，是社会不可缺少的规范和品质，具有广泛的教育意义。羽毛球运动理论与实践有助于培养"德、智、体、美、劳"全面发展的高素质人才。

②通过羽毛球运动特有的手段，培养和发展各种综合素质，培养知难而进、顽强拼搏、敢想敢干的现代竞争意识。在探索羽毛球运动规律的实践中掌握技术、克服困难、提高主观能动性，加深对此项运动的理解，从而更加热爱这项运动。通过学习与训练，在有挑战、有压力的环境中挖掘和证实自我潜能，增强自信心。

③结合羽毛球运动的专项特点，了解羽毛球运动的起源、发展进程及其文化背景，系统掌握此项运动的特点和结构体系，掌握教学、训练原则及基本技、战术方法与原理，掌握羽毛球运动的竞赛组织、规则与裁判方法等基本理论知识。

④系统介绍羽毛球的基本技、战术方法，强化基本技、战术的概念和要领，巩固正确姿势，纠正错误动作，形成良好的技、战术规范，培养和提高技、

战术意识和应变能力,以适应羽毛球运动的需要。

⑤促进身体机能全面发展,提高内脏器官的功能,增强体质,以满足学习和工作的需要。在此基础上,努力发展羽毛球运动所需要的专项素质和能力,为技术水平的提高打下坚实基础。

⑥掌握运动心理和生理知识,学习科学的锻炼方法,提高自我控制能力、创新能力和组织能力。

四、羽毛球运动的教学原则

教学原则是教学实践中具有普遍意义的认识,是教学过程客观规律的反映,是教学工作必须遵循的基本要求。在羽毛球运动教学中要正确地遵循体育教学原则,以利于教学任务的完成和教学质量的提高。

(一)直观性原则

直观性原则是指在教学过程中,教师引导学生直接感知事物、模型或通过教师形象语言的描述对象,使学生获得感性认识。学生对羽毛球技术和战术的动作表象和感觉有了了解和认识,并将这些内容与积极的思维相结合,使学生更好地掌握羽毛球技术、战术和技能。

在羽毛球教学实践中,较为广泛的直观教学方式主要有动作示范、沙盘演示、图片、录像等。教师在羽毛球教学中贯彻直观性原则时,应注意明确教学目的,选择合适的教学方法,最大限度地激发学生的学习积极性和创造性。

(二)自觉积极性原则

自觉积极性原则是指教师要充分调动学生学习的主动性和创造性,发挥学生学习的主体作用,使学习成为学生的自觉行为。在教学中运用自觉积极性原则,应注意以下几点。

1. 明确学习目的

羽毛球运动教学一开始,就应向学生明确学习目的,使学生认识羽毛球运动在健身、竞赛等方面的意义,增强学生学习羽毛球运动的自觉性和积极性。教学开始时,应向学生讲解教学的目的、任务、要求、考核项目与标准。每次授课开始时也须使学生了解本课的任务、内容与要求。在教授每一动作时,应向学生讲明所学动作的作用,使学生始终带有目的地进行学习。

2. 培养学生对羽毛球运动的兴趣

从某种意义上说,兴趣是最好的老师。在羽毛球运动教学中,培养兴趣至关重要。学生对羽毛球运动有兴趣,就会努力克服困难,认真研究技术,自觉进行练习,不断提高要求。在教学过程的各个阶段,教师要根据学生的情况,提出切合实际的要求,使学生通过一定的努力能够达到;要使学生在每次课上都有新的体会,都能看到自己的进步。对基础较差、起步较慢的学生,要多鼓励帮助,运用适合他们的教学方法,加快他们掌握动作的进程。对基础好、进步快的学生,要适当提高教学要求,使他们能学到更多的知识、技术和技能。在羽毛球教学实践中,教师可以充分利用提问、对比、联想、回忆等方法启发和诱导学生积极思维。教师在组织教学活动时应首先使学生明确学习目的,使学生正确认识羽毛球运动而不是把学习羽毛球看成一种被动的任务,从而调动起他们的学习主动性。同时,注重培养和谐的师生关系和营造良好的学习氛围,为提高学生的学习积极性创造良好条件。

3. 了解和把握学生心理活动的规律

在羽毛球运动教学中,教师要善于了解和把握学生心理活动的规律,有针对性地解决教学过程中出现的不良心理现象和由此引起的具体问题。刚学会打羽毛球时容易出现不注意动作质量的冒进心理,遇到困难完不成任务时会出现悲观失望心理,纠正、改进动作效果不明显时易产生焦虑心理。教学中,教师应根据导致学生产生各种不良心理现象的原因,因人而异、"对症下药",采用正确的方法来消除不良心理。

4. 发挥教师的主导作用

要调动学生学习的自觉性和积极性,必须发挥教师的主导作用。在教学上应做到精益求精,上课时精神振奋、口令清晰洪亮、手势清楚大方、讲解生动易懂,富有说服力和启发性。教师还应努力提高示范的质量,通过准确的动作示范,激发学生的学习兴趣。

(三)循序渐进原则

循序渐进原则是指教学中要根据学生的认知规律、动作技能的形成规律和人体生理机能活动能力的变化规律,正确安排教学内容和运动负荷,选择教学方法,由简到繁、由易到难、由未知到已知逐步深化,使学生能系统地学习和掌握知识、技术和技能。在羽毛球运动教学中运用循序渐进原则,应注意以下几点。

1. 制定好教学文件

进行羽毛球运动教学,必须制定切实可行的、完整的教学文件,以保证羽毛球运动教学工作系统、有序地进行。教学文件包括课程教学大纲、学期教学进度、课时计划（教案）等。教师应认真研究教材，了解教材的系统性，把握教学内容之间的联系，以便在编制教学文件时体现循序渐进的原则，使每学期、每次课的教学内容前后衔接，逐步提高教学要求。

2. 安排好教学内容和组织教法

在安排教学内容和组织教法时，要由简到繁、由易到难、由浅入深、循序渐进、逐步提高，以利于学生接受。例如，初学者须先熟悉球性，然后再开始练习打球；教授某一动作前，先做徒手练习，再空拍练习，再进行有球训练。例如，进行正手高远球技术训练时，先让学生做原地击球练习，待其熟练后，再进行从中场后退到后场击球，然后再回中场。

3. 逐步增加运动负荷

一个课程的运动负荷应从小到大逐步增加，并保持在一定的水平上，然后逐步降低。一个学期的运动负荷安排，也须遵循这一原则。这不仅有利于增强学生的体质和提高运动能力，也有利于运动技能的提高和巩固。初学者球性差，练习时肌肉紧张，容易疲劳，运动负荷不能太大。待身体、技术基础提高后，再逐步增加练习时间。

（四）因材施教原则

因材施教原则是指在教学中，教师既要面向全体学生提出统一要求，又要根据不同学生的个体差异区别对待，把集体教学和个别指导结合起来，使每个学生的才能和身心健康都得到充分的发展。在教学中运用因材施教原则，应注意以下几点。

1. 了解学生的一般情况和个体特点

在教学时，教师应通过各种途径和方法，切实掌握学生的情况，如思想品质、意志品质、组织纪律、接受能力、身体状况、羽毛球基础等，既要掌握教学班的一般情况，又要了解学生的个体特点，以便采取不同的措施因人施教。在羽毛球教学开始时，一般可进行一次摸底测验，以了解学生的羽毛球技术基础。

2. 一般要求和个别对待相结合

作为羽毛球教学过程中的学习主体，学生的基本知识、行为习惯、身体素质、运动水平、理解能力、智力水平等都有所差别，即使是同一个学生在不同的学习阶段也会因各种因素的影响而导致学习能力的不同。因此，在具体的学习过程中，学生"技术的规范化"的个体表现的差异性较大。这就要求教师在羽毛球教学中，应在规范化的基础上遵循羽毛球技术的个体化原则，允许学生之间存在技术动作上的细微差别，使学生通过反复科学的练习，最终形成符合自身条件的动作。在羽毛球教学实践中，教师应当密切观察和分析学生的实际状况，并以此为依据有针对性地选择最适宜的教学方法以及掌握合理的教学进度，以达到区别对待、因材施教的双重要求。

（五）巩固提高原则

巩固提高原则是指在教学中，要使学生牢固地掌握所学的知识、技术和技能，并逐步提高和完善，进而不断发展身体素质，达到增强体质的目的。在羽毛球运动教学中运用巩固提高原则，应注意以下几点。

1. 集中安排羽毛球课

羽毛球课最好相对集中，每周安排 2～3 次课，以利于运动技能的巩固，避免因课与课间隔太久而使运动技能消退。

2. 反复练习，逐步提高

在教学中，要组织学生进行反复、经常的练习。在初步掌握动作后，就应进行大量的练习，使动作从量变发展到质变，逐步形成正确的动力定型。反复练习不是简单重复，而是要不断提出新的、更高的要求，并经常进行技术评定，使学生看到自己的进步，激发学生学习的自觉性和积极性，促进运动技能的巩固与提高。

3. 改变练习条件，提高练习难度

在羽毛球运动教学中，改变练习条件对巩固所学知识、技术和技能可以起到良好的作用。改变练习条件，不仅可以检查学生掌握技能的熟练程度，使学生的运动技能得到进一步的提高，还可以丰富教学手段，提高学生对学习的兴趣。例如，在学习了正手高远球和反手高远球后，学生可以进行正手高远球—前场搓球—反手高远球—前场挑球的跑动练习，或者是在双方对打后场几个回合后，一方再打出吊球，另一方上网搓小球。

（六）专项教学原则

1. 技术动作与实战对抗相结合的原则

羽毛球技术对抗性和开放性的特点决定了羽毛球教学中必须把实战对抗能力放在十分重要的位置。在羽毛球教学实践中，教师贯彻和实施技术动作与实战对抗相结合的教学原则，不仅有利于学生在学习羽毛球技能时首先建立起对抗的概念和技术实效的概念，还有利于学生将技术视为固定程序的身体操作，主要原因如下。

一方面，从认知策略的角度上来说，羽毛球技术动作的学习与实战运用相结合发展，符合开放性运动技能教学。另一方面，羽毛球技能形成与发展的普遍规律就是在不断适应和实战中进行学习，因此教师在教学过程中只有将学生羽毛球技术动作的学习与其实战能力的培养发展结合起来，才能为学生进一步的专项学习打好基础。

2. 专门性知觉优先发展的原则

羽毛球运动包括多种环境因素，如球、同伴、场地、器材等。学生在学习羽毛球过程中的专门性知觉发展的过程就是对羽毛球运动环境和器材的感知过程。在羽毛球教学实践中，优先发展学生手指、手腕对球的控制能力具有非常重要的意义和作用，有利于学生在学习开始就对羽毛球有一个直观、全面的了解。为了确保学生对技术动作的正确掌握，教师可在羽毛球教学中进行大量的熟悉"球性"的练习，以帮助学生优先发展其专门性知觉，为基本技术的学习奠定基础。

3. 多样性与综合性原则

多样性与综合性原则的存在主要是由羽毛球运动的特点及其规律所决定的。羽毛球运动具有项目的集体性、技能的综合性、战术的应变性、比赛的对抗性、教材内容思想性强、竞争性、游戏性等特点。它涵盖的内容和学习羽毛球获得的运动效果都是非常广泛的，因此，在教学中要兼顾多方面的内容，将羽毛球的价值最大化地发挥出来。

4. 少而精与实效性原则

贯彻少而精与实效性原则是指教师在羽毛球教学中应该抓住主要矛盾进行教学，组织教法尽量简单易行，以不断提高教学的艺术性和实效性。在羽毛球教学实践中，教师遵循少而精与实效性原则应做到以下几点。

首先，教师要抓好羽毛球基本功和主要技术的教学，突出教学重点，使学生在掌握好羽毛球运动基本技术的基础上提高运用羽毛球技术的能力。其次，教学过程中应以练为主，精讲多练。也就是说教师的讲解应尽量简明扼要，尽量让学生多进行实践练习。最后，设置教学目标，讲求教学效果。教学中要有明确的教学目标，且应将教学目标具体到每个学期、每个单元、每次课中。还需要补充的是，教师应当深刻认识到检查与评估教学效果的重要性和必要性，及时完善教学方法，促使羽毛球运动教学的效率得到大幅度提升。

五、羽毛球运动教学的组织与实施

（一）羽毛球运动教学的分组

1. 混合分组

混合分组就是把羽毛球技术水平不同的学生有目的、有计划地编在一个教学组里，即把技术基础较好者与技术基础较差者混编在一起。这种分组方式在人数较多的班级和初学阶段运用效果较好。强弱搭配，使技术基础较好者起到骨干作用，协助教师对初学者进行技术帮助。学生之间开展互教互学，有利于教师照顾全班的情况、统一组织教学、达到教学的一般要求。但是，这种分组方法满足不了技术水平较高的学生的学习要求，有可能影响他们的学习积极性。因此，在教学过程中要安排一定的时间对他们进行专门的辅导，使他们的水平在原有基础上得到提高，以便更好地发挥骨干作用。

2. 按技术水平分组

按技术水平分组是把全班学生按技术水平的高低编在不同的组里，同一组学生的水平比较一致。这种分组方式便于教师根据各组的不同情况安排不同的教学内容，选择不同的教学手段，安排不同的练习和掌握不同的运动负荷。这种方式能较好地体现因材施教的原则，便于区别对待，满足不同技术水平的学生的不同要求。对于水平较高的组，教学进度可以快些，练习的强度可以大些，难度可以高些，以提高学生的学习兴趣。对于水平较低的组，教学进度可以适当放慢，难度可以适当降低，以使学生能达到一般的教学要求。

另外，教师还可以根据学生掌握技术的实际情况，定期或不定期地调整组别，以调动学生学习的积极性。但是这种分组方式不利于教师全面把握班上的情况，不利于统一组织教学活动，掌握不好容易导致顾此失彼。尤其在教授新内容时，对技术基础较差者而言，这种分组方式的教学效果不如混合分组好。采用这种分组形式时，教师应重点辅导技术较差的学生。

上述两种分组方式各有利弊，教师可根据学生不同阶段的具体情况灵活采用。例如，在初学阶段可以采用混合分组，到了巩固和完善动作阶段则可以按技术水平分组。除了以上两种分组方式外，教师还可以按性别分组，针对少年儿童的教学还可以按年龄分组。此外，还应加强对小组长的培训，尽可能让他们预先了解课程的内容和教师的意图，让他们当好"小老师"，帮助教师维持好课堂秩序、组织好课堂教学。

（二）羽毛球运动的教学顺序

初学者学习打羽毛球，首先要从熟悉球性开始。你若是想回击一个来球，首先要从球来的方向判断球飞向哪、落点在哪、弧线有多高。这个过程对初学者相当重要。初学者若绕开这个过程直接进入下一阶段，效果就会适得其反、事倍功半。其次，要练习步法。可以说任何体育活动对步法的要求都非常严格。打羽毛球时，步法不到位，身体离球太远，会造成伸着胳膊接球的状况；身体离球太近，又没法挥拍击球，因此教师对学生步法的要求一定要严格，这样才能为稳定的击球打下坚实的基础。再次，学习正手高远球。一般来说，羽毛球选手的正手都要强于反手，正手攻击的范围和力量也更大、准确率更高、更容易主动得分。初学者从正手开始练习，进步会比较明显，能打几个来回球后成就感很大，可充分调动起学习的积极性，利于下一阶段教学的开展。而且，高远球也是学习羽毛球的基础。

最后，学习完正手高远球后，就要进入中场和前场击球的学习阶段了。等有了一定的技术水平以及球性掌握得娴熟了，初学者就可以从高远球入手逐步过渡到吊球、杀球与劈杀。一个优秀的羽毛球选手，不光要有一个强劲的后场，中场与前场同样要出色。中场是一个羽毛球运动员的"根据地"，每次回球后视情况都要回到中场准备下一次的击球。前场同样是很好的得分点，质量好的搓球、勾球、扑球、推球都能直接得分，或者迫使对手回球质量差。现代羽毛球运动，越来越重视发球的攻击性，发球抢攻战术运用好的前提是发球的质量好。上述各项技术教学完成后，教师可根据情况讲一些做假动作、被动时击球等方面的技巧。这些技巧在高水平的比赛中也经常用到。

（三）羽毛球运动教学进度的安排

教学进度是教学大纲的具体化，是将大纲规定的教学内容合理地分配到每次课中。教学进度安排得是否合理，在很大程度上影响着教学效果。

1. 单一教学

单一教学是指在一定的教学时间内只教一种技术，待学生基本掌握这种技术后再转入另一种技术的教学。单一教学是一种"集中力量打歼灭战"的方法，其特点是教学内容重点突出，能集中时间和精力解决关键性的技术问题，使学生较快地掌握一种动作。但是，采用单一教学时，教学内容显得单调，学生容易产生厌烦情绪。而且因教材内容过于集中，身体局部负担过重，容易造成疲劳。因此，在教学中教师应适当增加游戏，或经常变换练习方法，动静交替，使课堂教学成为饶有兴趣的、引人入胜的实践活动。这种安排适用于课时较少的学校。

2. 综合教学

综合教学是指在一段教学时间内连续地、循环地进行多种技术的教学，即让学生在初步接触了一种技术或动作后，立即转入另一种技术或动作的学习；进行一轮各种技术或动作的教学后，再进行另一轮的教学。如此循环进行，直至学生全面掌握各种技术。综合教学亦称为"平行连贯教学"，它是一种"全面接触、循环往复"的方法。其特点是学生能够在短时间内全面接触并掌握各项技术，教学内容更新快，练习形式丰富，学生学习积极性高。进行综合教学时，课时安排紧凑、练习强度较大，课堂组织严密，这对教师教学能力的要求也较高。在安排每次课的教学内容时，要注意教材内容的前后衔接和不同教材内容的分量。教材内容不宜太多，一般以 2～3 项为宜。由于每一轮教学都类似于"蜻蜓点水"，所以还要求在比较完整的一段教学时间内有足够的课时来完成多轮教学循环。这种教学安排适用于课时较多的学校。

六、羽毛球运动的教学方法

教学方法是指教师为完成教学任务所采取的手段。教师应根据教学的目的、任务和内容，采用符合学生认知规律的、有效的教学手段来传授知识和技能，培养学生分析问题和解决问题的能力，发展学生的个性。

（一）示范

教师的正确示范是羽毛球运动教学的一种最基本手段，它能使学生通过视觉真切地感知动作的特点、步骤、要领和方法，建立整体动作概念，从而帮助学生掌握正确的羽毛球技术。教学中正确、优美、恰当的示范可以有效地提高学生的学习兴趣，激发他们的学习欲望。因此，教师应经常研究探讨，不断提高动作示范的质量。

1. 队形组织与示范位置

进行示范时，首先要安排好学生的位置，不要让学生面对强光。教师的示范位置应使每一个学生都能看清动作，示范点要依队形的长短及场地情况而定，一般以距学生 2～3 米为宜。距离太近或太远都会影响示范的效果。

2. 示范面与示范速度

羽毛球教学的示范面主要有正面、侧面和背面。选择哪个面进行示范，取决于所教动作的步骤和教师的教学意图，关键在于要使学生看清主要的技术环节。示范以中速为宜，但有时为了使学生看得清楚些，教师要以较慢的速度进行示范。

3. 示范与观察的重点

羽毛球教学中的示范要做到主次分明、重点突出。在每次示范前，应根据教学内容和任务，对学生观察示范动作提出明确的要求，指明观察的重点和任务。教师可在完整示范后，进行分解动作示范或重点动作示范。不能在一次示范中要求学生什么都看，否则什么都看不清楚。

4. 正误对比示范

在学习新动作时，为了使学生更清楚地建立动作概念，或是在纠正学生的错误动作时，为了使学生明白自己的错误所在，教师在进行正确技术动作示范后可以形象地模拟一下常见的或典型的错误动作，使学生通过鲜明的对比对正确技术动作和错误动作有更明确的认识。

（二）讲解

在羽毛球教学中，讲解也是一种重要的教学手段。它是教师运用语言启发学生积极思维，加深对教材内容的理解，促进对技术、技能掌握的基本方法。讲解的科学性和艺术性，是教师教学水平的一个重要标志，对教学效果有很大的影响。教师在教学过程中要不断总结经验，在语言表达上做到精益求精。

1. 要研究教学对象的实际

学生是教学活动的主体，教学活动是教师与学生共同进行的双边活动，因此，学生的实际情况是决定教学方法运用的关键因素。所谓学生的实际，主要是学生的年龄和生长发育状况、体育基础、总人数及性别构成、对体育的兴趣爱好、有没有体育特长等与体育教学方法的运用有着直接的影响。通过对这些因素的研究，找出在体育教学中要解决的主要问题，然后分析和筛选解决问题的最佳方法。最佳的教学方法应该从教学实践中去总结和探索。

2. 生动形象

羽毛球的技术一般都比较复杂，许多动作往往不是三言两语能说清楚的。但过多的技术性很强的说明，会使学生感到枯燥从而降低学习兴趣。而生动的讲解，则能给学生留下深刻的印象，帮助学生迅速理解动作要领，建立完整、正确的动作概念。在讲解时，使复杂动作形象化，教师可以充分发挥自己的创造性，通过比喻、夸张等方法来增加直观效果。

3. 简明扼要

羽毛球教学的讲解应力求简明扼要，抓住关键，要能够熟练地运用羽毛球术语来强调动作的要点，以便于学生理解和记忆。

4. 与示范紧密结合

羽毛球教学中，讲解和示范是相互补充、相辅相成的。示范主要展示动作的外部形象，讲解则能反映技术的内在要求。正确的动作示范配以生动形象的讲解，能够引导学生把直观感觉和理性思维很好地结合起来，从而达到更好的教学效果。

5. 要考虑教学内容的安排

不同的教学内容、不同性质的教材对促进教学目标的实现和对学生身心发展所起的作用是不一样的，对教学方法的要求也是不一样的。学习运动技术时，主要运用的是教学方法；体验身体锻炼的手段时，主要采用身体锻炼的方法；提高身体素质时，无疑是以练习法为主。这些是大家所熟知的一般规律，是不容易忽视的。但还必须进一步弄清楚教材与教学目标的关系，选择与教材性质更具针对性的方法即以教材为媒介，运用合理的方法，调动一切积极因素来实现教学目标。

（三）分解教学与完整教学

在具体实施教学时，一般有三种方法可采用，即分解教学、完整教学和分解教学与完整教学相结合教学。

1. 分解教学

分解教学是把一个完整的动作技术合理地分成几个部分，按部分逐次进行教学，最后完整地掌握动作技术。分解教学的优点在于能化繁为简、化难为易，使复杂的动作变得简单明了，从而简化教学过程、增强学生学习的信心，有利于学生更快更好地掌握复杂动作。但是，分解教学如果运用不当，就容易造成动作割裂，破坏动作结构的完整性，从而影响正确技术的掌握。因此，在进行分解教学时，必须考虑到各部分动作之间的有机联系，使动作部分的划分不致改变动作的结构；同时，要使学生明确所划分的部分在完整动作中的位置与作用。此外，在通过分解教学基本掌握所教授动作之后，应适时向完整动作练习过渡，以便更快地掌握完整技术。应明确的是，分解只是手段，完整才是目的。

2. 完整教学

完整教学是从动作的开始到结束不分部分和段落，完整地进行教学。这种方法的优点是，能保持动作的完整性，不会破坏动作的结构和各部分之间的内在联系，便于学生完整地掌握正确技术。对于一些比较简单的动作常采用完整教学。

3. 分解教学和完整教学的综合运用

分解教学与完整教学是相对而言的，对于整体来说是分解，对于局部来说则是完整。采用哪一种教法，应根据动作的复杂程度和学习者的接受能力而定。学习简单动作技术时，完整法优于分解法；而学习复杂动作时，分解法又优于完整法。动作的复杂程度，对学生来说也是相对的。同样的技术，对基础好、学习能力强者来说，可能是简单技术，宜采用完整法施教；而对基础差、学习能力弱者来说，则可能是复杂技术，宜采用分解法施教。在羽毛球教学中，应把分解教学与完整教学很好地结合起来。采用分解教学应以掌握完整技术为目的，通过分解练习体会动作要领，并积极创造条件向完整练习过渡。在完整教学中，亦可以用分解法来加强局部动作的练习。羽毛球教学中一种常用的方法是"完整、分解、再完整"练习法，这是一种以完整教学为主导把分解法和完整法很好地结合起来的教学方法。在教师示范、讲解后，应让学生完整试练，初步建立完整动作的概念，然后再进行一定的分解练习，使学生初步掌握分解动作的要领，接着又转入完整动作的练习。另一种常用的方法是"分解、完整、再分解、再完整"练习法。在教学中，先进行分解练习，让学生初步掌握分解动作的要领后，即转入完整练习；然后再进行分解练习，改进局部技术，最后再进行完整练习。通过几次循环，达到完整掌握动作技术的目的。

第二章 现代羽毛球运动的科学基础及健身价值

无论是进行有规则的羽毛球比赛，还是把它作为一般性的健身活动，锻炼者都要在场地上不停地进行脚步移动、跳跃、转体、挥拍，合理地运用各种击球技术和步法将球往返对击，从而增大了上肢、下肢和腰部肌肉的力量，加快了全身血液循环，增强了心血管系统和呼吸系统的功能。

第一节 羽毛球运动的科学基础

一、心理学基础

羽毛球运动参与者的心理与其教学训练之间的关系是一种双向影响的关系，即参与者的心理发展水平和羽毛球运动教学训练的心理促进功能紧密关联，相互依赖、相互作用构成了教学训练的重要心理学基础。

首先，参与者的心理发展水平制约着羽毛球运动教学训练目标、内容、方法、手段及运动负荷等的选择与安排，教学训练必须符合参与者的年龄、性别、个性心理特征和专项心理能力，不得脱离他们的心理水平任意选取。另外，练习者参与教学训练的心理动力强弱、注意力是否集中、能否调控情绪、意志力是否顽强等心理因素，直接影响着他们对运动教学训练与竞赛活动参与的投入程度、坚持性及效果。

羽毛球运动专项教学训练对参与者的心理发展有着特殊的影响作用，对练习者的运动感知、动作技能、反应速度、思维敏捷性、注意集中、情绪丰富与调控、意志品质、个性与社会适应等心理与行为的发展有着独特的锻炼价值。

羽毛球运动的教学训练在全面把握和遵循参与者心理特点的基础上，充分发挥自身特有的功能，有目的、有计划地组织实施，就能够使练习者的身体、心理、技术和战术水平沿着预定的方向、按照设想的速度、朝着特定的水平发展，有效地实现教学训练目标。

（一）心理因素对羽毛球训练的影响

良好的心理因素能够提高运动员参加羽毛球训练的积极性，可以促进运动员羽毛球训练水平的提高，使运动员获得良好的训练效果。研究发现，在影响羽毛球运动员训练水平和效果的因素中，心理因素占30%，其他竞技能力如身体素质、技术和战术能力等占70%。从这一占比可知心理因素在羽毛球运动训练中的重要性。

1. 对情绪的影响

从心理学角度来看，情绪对运动员有着非常重要的影响。运动员情绪良好，羽毛球训练能使运动员精神焕发，从而提高训练效果。不良的情绪使运动员在训练中精神不振、注意力不集中，这样会严重影响训练效果。

如果在羽毛球运动训练中，运动员情绪不稳定，自控能力差、心慌意乱、忧心忡忡，他就很难掌握好动作技能。相反，倘若其情绪稳定、精神饱满、注意力集中、斗志昂扬，他就能很好地完成训练任务，实现训练目标。

羽毛球运动有利于促进人的情绪稳定。在这个错综复杂的社会中，人们面对各种压力会产生压抑、紧张、郁闷等一系列负面情绪。情绪与人的身体和心理健康有着十分密切的联系，如怒伤肝、忧伤肺、思伤脾、恐伤肾等。同时，羽毛球运动能把个人与集体融为一体，不仅缩短人与人之间的距离，使人感受到集体的温暖，还使人在心理上产生一种安全感和归属感。

2. 对智力的影响

随着年龄的增长，人的智力发展与身体活动能力的发展逐渐分化开来，它们之间的关系变得微弱了，此时智力与身体活动能力之间的相关性很低，但是，智力对身体活动仍具有不可忽视的影响。

羽毛球运动训练，要求运动员具备良好的智力素质，如精确的记忆能力、敏锐的观察能力、丰富的想象能力、快速的思维能力等，这样才是取得理想训练效果的有力保证。

羽毛球运动有利于促进智力发展。经常参加羽毛球运动能够提高和改善运动员的思维能力和反应能力，还可以使其养成开朗的性格。羽毛球运动不仅能够增强运动员的心肺功能，还能有效促进血液循环。由于运动员需要及时掌握场上的形势变化，快速做出反应，因此通过羽毛球运动可以促进运动员智力的发展，提高其思维的敏捷性以及处理事务的决断能力。

3. 对意志的影响

坚强的意志品质有助于激励运动员完成训练目标与任务，而持久的训练又能够有效锻炼运动员的意志品质，因此运动与意志之间相互促进、相互影响。下面主要分析意志对羽毛球运动员训练的有利影响。

①在羽毛球训练中，运动员的肌肉处于一定的紧张状态，其要在不同条件和情景下完成各种动作要求，如果意志品质良好，则能够高质量地完成动作。

②羽毛球运动员在运动训练中要高度集中注意力，良好的意志有利于运动员消除内外因素的不良影响。

③在羽毛球运动训练中，运动员机体很容易产生疲劳，而良好的意志品质能够缓解运动员由于疲劳、损伤造成的消极情绪，从而坚持完成训练任务。

激烈的羽毛球运动，有利于运动员克服外部障碍和消除疲劳和主观消极情绪等因素的影响，在逆境中不断发奋图强，积极进取。羽毛球比赛中运动员的任务越重，对个人的意志力锻炼影响越深，心理承受能力越能得到加强，越有利于适应复杂的社会环境。

（二）制约教学训练的心理因素

1. 心理动力

练习者参与羽毛球教学训练的自觉性、主动性和积极性是影响教学训练效果的主要因素之一，他们的动机、态度、兴趣和习惯等是心理动力的重要组成成分。羽毛球世界冠军孙俊（2003年）指出，没有运动员训练的自觉性、积极性，就谈不上训练的质量，更谈不上优异成绩的取得。当今任何一位有成就的运动员，都毫不例外地有着明确的训练目的，他们所取得的成绩都与自觉积极的训练分不开。

练习者在羽毛球技术教学训练中反复完成某一动作，比较枯燥，同时还要承受一定的甚至是强度很大的运动负荷，克服长时间练习中遇到的各种各样的困难，适应越来越激烈的竞争以及缓解带来的心理压力。这些都要求练习者能够正确认识参与羽毛球教学训练的目的和价值，端正教学训练态度，培养和保持对羽毛球运动的兴趣。养成良好的练习习惯，激发起自身内在的心理动力，充分调动心理和身体能量，挖掘身心潜能。自觉、主动、积极地投入教学训练之中，保证教学训练的质量和效果。

2. 心理状态

心理状态是指个体在特定时间和环境中心理活动的综合表现，包括动机、认知、情绪意志与注意力等方面的活动特征。具体到运动场上，就是练习者随着教学训练过程和环境的变化产生的心理变化。

"心态决定一切"，这句话虽然比较绝对，但也说明了心理状态的影响作用。无论个体的身体素质以及技术水平、战术水平和心理行为品质如何，练习者在羽毛球场地上、在教学训练或比赛过程中,当时、当场的心理活动是影响他们行为表现的直接原因。积极、稳定的心理状态是正常甚至超常运动表现的心理保证。而消极、起伏的心理状态将导致运动表现的失常。

练习者能否认识到心理状态的重要性,归纳出良好心理状态的特征,发现自我良好心理状态的表现,以及拥有调控心理状态的意识和技能是他们能否经常表现出良好心理状态、保证以最佳心态参与羽毛球教学训练和比赛的重要认知保障。在日常教学训练中,教师和教练员要注意观察和了解、善于调节和控制练习者的心理状态,在教技术、练身体的同时,提高练习者调控心理状态的意识,学习调控的方法,逐渐地使他们获得自我心理调控的技能和能力,尽力促使他们能够在各种环境下表现出积极而稳定的心理状态。

3. 运动的认知能力

运动认知能力指的是在以肌肉收缩为主要特征的运动活动过程中个体的认识活动的表现水平,其中包括运动感知、运动表象、动作记忆、战术思维,专项运动意识和运动注意等能力。练习者当前所拥有的一般和羽毛球专项运动认知能力是制约教学训练的又一主要心理因素。

羽毛球运动的技术种类繁多,仅网前就有搓、推、勾、挑、扑、封网等技术,作为练习者要全面掌握、熟练运用。如果练习者的运动感知能力低,体会不到手指、手腕、前臂肌肉用力的感觉,建立不起应有的动作表象和记忆,储存不了动作完成信息,战术思维迟钝,羽毛球专项运动意识差,理解不了教师、教练员的指导,就无法按要求去练习、比赛,教学训练的效果也会受到影响。相反,如果练习者的运动认知能力较强,技术动作掌握得准确,教学训练的任务就能够较顺利地完成。

面对不同水平运动认知能力的练习者,教师和教练员的教学训练安排要符合他们的能力,根据他们的水平制订和选择练习内容与方法,提出的要求要因"能力"而异,使各种水平的练习者通过教学训练都能有所收获。

4. 年龄、性别和个性特征

人的心理随年龄的增长发生变化,表现出不同年龄阶段的心理特征。受生理和社会因素的影响,男女之间存在着心理和行为上的差异。在相同年龄和性别的个体之间,由于受遗传和成长环境的影响,还会在需要、兴趣、态度、习惯以及能力、气质、性格等方面表现出不同的个性心理特征,使练习者在独立性或顺从性上,在理智性、情绪性与意志性上,在内向和外向上,在心理和行为反应的速度、强度、灵活性上,在对具体人物、事物和活动对象的态度、价值认识、抱负水平、行为趋向上表现出各自典型、稳定而独有的特征，这些差异或特征直接或间接地影响着羽毛球教学训练的效果。

（三）心理学基础对教学训练的现实意义

体育运动技术的教学训练是一种与身体形态、机能有密切关系的大肌肉运动技术的学习。它不仅与神经系统有关，而且与肌肉、关节的活动特点有关。身体运动不单纯是靠身体进行的，而是需要生理、心理功能的综合参与，是一种整体性的活动，这是早已被科学研究和实践证明的事实。在国际竞赛水平趋于高竞争、强对抗的形势下，了解和掌握羽毛球运动教学训练的心理学基础，对准确、快速地掌握高水平羽毛球运动技术以及促进羽毛球教学训练的科学化有着极为重要的现实意义。

1. 动作学习的心理学实质

从心理学的观点来看，动作学习和专项技术的训练是一个从感性到理性的认识过程，是一个从实际掌握技术动作到熟练提升（即成为技巧）的过程。这个统一的过程是由教练员或教师和学生本身来控制掌握的。他们在这个过程中不仅是客体，而且是教学的主体。

掌握动作，掌握练习的技术，就是学会控制它们，按照空间、时间、用力的强度等方面的参数来调节它们。所有这些都是很重要的，因为通过这样的途径就可以掌握羽毛球运动的技术动作。

2. 动作学习的心理学结构

通过用心理学结构分析的方法对运动技能的形成进行现代化的研究，可以得出任何一个动作学习的心理学结构。任何一个动作学习的心理学结构都由以下三个环节构成。

①形成运动指令或建立动作计划，实质上是学生通过教练员或教师对某一具体的技术动作的讲解示范，在头脑中形成或建立关于这一具体的技术动作的视觉的运动表象或想象的运动表象。

②实现动作计划或完成指令，实质上是学生参照头脑中产生并保留的该技术动作完成的模式进行模仿性练习，通过实际的操作练习在头脑中逐步形成和完善该技术动作的自身动作的动觉的运动表象。

③检查或修正运动指令，实质上是学生依据自身完成技术动作时形成的动觉的运动表象及其反馈信息，实施对完成整个技术动作过程的意识监督。

3. 调节动作学习的两条线路

在感性和理性认识的基础上掌握动作的过程就是实际的自身操作练习，

提高动作学习的心理学结构中三个环节的功能,这些功能的实质就是把现实感知到的动作变为自觉控制调节的动作或自觉控制调节的行动,即符合客观条件去完成技术动作的能力,从动作学习的心理学结构和动作学习的过程特点可以得出这样的结论:动作学习过程的控制调节是由两条闭合的调节线路保证的,即由教练员、教师对运动员、学生动作学习的外部调节线路和运动员、学生自身的内部调节线路保证的。满足动作的外部客观条件(活动的具体情况)及发挥教育者(教练员、体育教师)的控制作用(特别在动作教学过程中)是外部控制调节线路的决定因素。

在实施技术动作的教学训练过程中只要把这两条闭合的调节控制线路紧密地结合起来,就可以加强整个教学训练的总体效果,从而提高教学训练的质量,这也就是现今训练中越来越重视对运动员自我调控能力训练的原因。

4. 动作学习的自我监督和自我调节

现代心理学的概念认为,动作学习过程中自我监督是自我调节的有机的甚至是基础的组成部分。对完成技术动作的自我评价是自我监督的表现。

在自我评价的基础上调节自己的动作也不是一件容易的事情,它首先要求有感觉修养,当然,在动作学习的教学过程中的这种感觉教学,不只局限于发展运动感觉的准确性,还可以在这个基础上形成复杂的从事专项运动所必需的专门化知觉能力。例如,学习羽毛球的"球感"等。这些专项所必需的专门化知觉能力的形成,可以确保运动员准确、灵活、迅速、合理地表现和完成高精尖的运动技术动作,并尽快地形成最佳竞技状态。

(四)羽毛球运动训练对心理健康的影响

羽毛球运动是一项隔网击球的对抗性球类运动项目,技术复杂,战术多样,球速快,变化多,双方斗智、斗勇、相互制约,比赛时间长、消耗体能大。长期进行羽毛球运动教学训练,不仅能使参与者的身体形态、生理机能和身体素质得到全面发展,而且能使他们的心理品质得到完善。

1. 提高认识能力

羽毛球运动对人的技能有着较高的要求,要求运动员既能对外界物体迅速准确地感知与判断,又能迅速协调自己的身体感知,以保证顺利完成动作。因此,参加羽毛球训练有利于促进运动员感知能力的发展,能够提高运动员的反应速度和直觉判断能力,使其更敏锐、灵活,从而获得良好的认识能力。

2. 加强和改善情绪状态

作为大众健身的羽毛球活动,不仅简便易行、老少皆宜,而且变化多样,室内外均可开展，有较强的游戏性，因此深受不同人群的喜爱。作为竞技运动的羽毛球教学训练，竞争激烈、变化多端、对抗性强、胜负难料，有很强的情绪体验性。在轻重、快慢、远近、高低、技巧、飘转不同变化的羽毛球击打活动中，参与者内心充满了喜悦，击杀了一个好球或防接起对手一个绝杀，都能使练习者精神振奋，产生自信、自我满足感和成功感。羽毛球运动具有的愉悦情绪功能是比较突出的，每一次参与羽毛球活动获得的快乐心情得到经常性的积累，有利于形成乐观的心境和降低消极情绪。参加羽毛球训练能有效改善运动员的精神状态，充分调节运动员的情绪，这是人的自然需要得到满足而产生的心理体验。情绪几乎参与人的所有活动，可以调节人的行为活动。羽毛球运动员参与运动训练能够保持高昂的战斗力，有利于积极情绪的形成。随着羽毛球竞技性的不断增强和竞争力的不断提高，运动员难免会感到心里紧张、焦虑和不安。经常参加羽毛球运动训练可以有效改善这种不良的情绪状态，从而在很大程度上提高运动员的心理承受能力。

3. 改善和提高心理应激水平

应激是由外界情况的变化所引起的一种情绪状态。现代竞技运动的竞争非常激烈，运动员在竞争环境中备感压力，在日常生活中也会因此而导致人际关系的复杂，使得其机体总是处于应激状态。过度的应激会导致运动员身体不适，降低其免疫功能诱发各种疾病。而科学地参加羽毛球训练不仅能够使运动员的心理应激水平有效提高，还能够增强其快速反应能力和判断能力。

4. 培养和提高意志品质

意志品质通常是指一个人的目的性、自觉性、自信性、坚韧性、自制力以及勇敢顽强和主动独立等精神，意志品质是在人们克服困难的过程中逐渐建立和培养起来的，因此，运动员克服困难的能力越强，也就具备越好的意志品质。羽毛球运动是一项对参与者体能要求较高的项目。进入羽毛球场地，从事羽毛球教学训练或比赛，就要不停地起动、奔跑、跨步、跳跃、挥拍击球。羽毛球场地不大，但单打、双打都对个体提出了持续、高强度活动的要求。球一发出，就不能停顿，一球一球、一局一局，大强度的、连续的速度耐力运动，使参与者体内代谢产物堆积，身体疲劳，肌肉酸疼，心肺活动剧烈，有时每分钟心率超过180次。练习者必须有坚强的意志品质，能够忍受疲劳和酸痛，不怕困难，肯于吃苦，意志坚韧、顽强。因此，羽毛球运动是培养个体意志品质的一个有效途径。参加羽毛球训练能够提高运动员克服困难的能力，培养运动员良好的意志品质。羽毛球运动员带着明确的目的参与羽毛球训练的过程中，常常需要不断克服客观困难（如气候条件、场地环境、对手状况等）和主观困难（胆怯和畏惧心理，疲劳或运动损伤等），这就需要有足够的意志力才能克服这些主、客观的困难。因此，参加羽毛球技能训练有利于培养与提高运动员的意志品质。

另外，羽毛球运动是隔网对抗的球类项目，比赛的双方相互限制、相互制约。每一次挥拍击球都在斗智、斗勇，"置对方于死地"，因此，对培养参与者的竞争意识、进取精神、自信、果敢、不服输的品格，以及在关键时刻临危不惧、泰然处之等品质有积极影响。

5. 防治心理疾病

某些患有心理疾病的羽毛球运动员在参加羽毛球训练时，高度的兴奋性能有效地抑制消极情绪的产生，从而有效防治心理疾病。运动员在日常生活中难免受到不良情绪的困扰，其中最为普遍的就是焦虑和抑郁，主要表现为：无端感到心烦意乱，惶惶不安，甚至产生恐惧感；随着焦虑的产生常常伴有心悸、头昏、恶心、手脚冰冷、注意力不集中等症状。实践表明，长期坚持羽毛球训练有利于缓解运动员的焦虑症状，减轻特定应激源对生理的影响，从而有效增强运动员的心理坚韧性。

6. 培养责任感

羽毛球训练能够拉近运动员彼此的距离，促进彼此间的交往，不仅有接受自我、接受他人、悦纳他人、认可别人存在的重要性和作用，与此同时，还能得到别人或集体的认可，从而进一步建立和谐的人际关系，使训练工作开展得更为顺利。因此可以说，羽毛球运动对于集体责任感的培养具有积极的作用。参加羽毛球训练能够让人享受到胜利的快乐，而且还能共同分担失败的痛苦，这种气氛能使人产生安全感，充满信心，帮助人克服生活中的各种困难，以良好的心态面对挫折，并以强烈的责任感处理问题。

另外，羽毛球运动所体现出来的树立公正、守法、民主、竞争、团结、协作、谦虚等精神是社会不可缺少的规范文化，对于青少年的教育有非常重要的意义。

7. 培养团结协作、默契配合的精神

羽毛球运动有单打、双打项目之分，单打项目能培养练习者独立作战的能力，双打项目可提高练习者之间团结协作、密切配合、相互默契的合作精神。双打配对练习中，要求同队两名队员始终保持好前后场或左右场站位，发球或接发球后随球路的变化快速、协调地移动。两人的意识、思维和行动一定要统一。双打练习和比赛的击球速度快、下手狠、距离近、抢先进攻、平抽平打，拉开后场两底线的调动球和来回球的拍数也较多，球场情况更加复杂，

这就要求练习者在长时间快速对攻中保持高度的注意力集中，敏锐观察、准确判断、及时反应、灵活处理来球，气势、斗志上还要压倒对手。

双打练习中，两人之间的相互尊重、相互认可、相互接受非常重要。二对二的竞争每个人控制的场地缩小，节奏、速度加快，难度加大，相互配合、协作与交流的机会增加，是埋怨还是鼓励，取决于两人对"一体化"的认可和与同伴"同舟共济、荣辱与共"的态度。一人出现失误或有疲劳感时，另一人的鼓励和"弥补"行为，可成为对方巨大的精神力量，激发同伴一起奋战。因此，羽毛球双打练习有助于参与者互敬、互助、协作、配合精神的培养。

羽毛球教学训练的心理促进功能可能还有许多，其锻炼价值的实现也因个人需要的满足而有所不同。需要说明的一点是，以上积极功能的实现，必须是在遵循个体身心发展规律的前提下，依据体育教学、运动训练学原理和羽毛球运动专项特点，科学地计划、组织和实施羽毛球的教学训练，才能够取得。积极效应的获取是有条件的，并不是拿起球拍到运动场上一打就自然而然实现的。羽毛球教学训练安排不当，可能会对练习者的身体、技术、战术和心理发展造成不良影响，可能诱发出错误的教学训练态度，造成过度的教学训练应激、比赛焦虑、人际关系紧张，甚至心理、社会适应障碍等问题，导致练习者对羽毛球教学训练的兴趣和乐趣缺失，回避、中断教学训练。这一点应引起教师和教练员的注意。

8. 发展羽毛球专项运动知觉

羽毛球技术不仅复杂，而且要求准确完成。对羽毛球运行和落点的控制主要依靠击球时手指、手操纵球拍与球接触时的精细用力。球拍接触球的位置、接触球的点、球拍与球保持的角度，挥摆前臂，甩腕压指的速度、方向等均由练习者手指、手腕的肌肉用力调控。长期进行羽毛球教学训练，参与者对手指、手腕肌肉用力差异性的感觉与支配将得到准确、精细的发展。

羽毛球练习者持拍击打羽毛球，球拍是其肢体的延伸。经常从事羽毛球运动，练习者对羽毛球拍的质量、重量、长度、大小，拍弦绷紧程度、弹性、力度，握柄粗细、光滑程度等会产生细微的分化感知。

羽毛球的羽毛是由动物羽毛制成的，重量轻，飞行快。对于形状、重量、弹性和稳定性，以及运行速度、高度、弧线、落点等运行轨迹的感知，是在长期从事羽毛球教学训练过程中发展起来的。室内温度、潮湿度以及风速、风向等对训练有较大影响，经常从事羽毛球运动者对风的感知特别敏锐。另外，场地光线感等也是经常从事羽毛球运动者得到良好发展的专门化感知觉。

9. 提高神经系统活动的敏捷性和灵活性

羽毛球教学训练的目的之一就是使练习者学习、掌握丰富多样的羽毛球技术动作，并能在比赛对抗中熟练、灵活地运用。长期进行快速多变、随机应变的羽毛球技、战术练习，参与者必须学会在极短的时间内揣摩对方的意图，对瞬息万变的球路进行预测，对对方击来的球进行判断并迅速做出最佳决策和相应的回球反应。这种快速的、变化无常的预测、判断、决策过程的重复训练，对提高神经系统的敏捷性和灵活性非常有益，对缩短练习者的动作反应时间，提高动作的协调性、灵敏性也有促进作用。

（五）羽毛球专项运动的心理分析

羽毛球运动既是一项大众性的体育活动，也是一项竞技性的比赛项目。作为竞技体育运动项目之一的羽毛球专项运动，除了具有竞技运动所共有的特征之外，还具有自己独特的专项特征。高水平的羽毛球专项运动员，不仅应具备竞技体育运动所共有的一般心理能力与特征，同时还必须具有羽毛球专项运动的心理能力与特征。

根据专项运动心理特征分析的理论依据和理论分析途径，分析羽毛球专项运动员的运动心理能力与特征，必须分析羽毛球专项运动的活动结构和活动条件以及它们向羽毛球专项运动员提出的心理要求。这样，可以从理论分析角度揭示高水平羽毛球运动员专项运动的心理能力与特征。羽毛球运动是一项个人或双人的具有激烈对抗性的竞技体育运动项目。它是在规定的场地上和一系列竞赛规则的限制条件下，是在同伴的配合协作（双人）与自己的对手直接积极对抗的条件下，运动员通过上下肢配合，运用球拍击球至死球，记分定胜负的运动项目。

从羽毛球运动的活动结构上看，羽毛球运动是一种由运动员运用各种技术动作组成错综复杂的战术行动而形成的具有直接对抗性质的竞技运动活动。如发球、高球、吊球、杀球、放网、挑球、推球、扑球等基本技术动作是羽毛球专项运动中的基本动作结构单位，也是实现各种战术行动的具体方法。构成羽毛球运动的行动按具体的目的来分析，有两大类，即进攻行动和防守行动。进攻行动的目的是把球击落在对方的场区内或使对方击球失误而得分；防守行动的目的是阻碍和干扰对方的进攻，变被动为主动，准备反击进攻。羽毛球运动中的进攻行动与防守行动是应用各种不同的基本技术动作构成各种具体的战术行动。在羽毛球专项运动过程中，实施进攻或防守行动时，各种不同的战术行动的运用和战术行动中各种基本技术动作的应用与组合方式取决于参加运动双方的特点以及羽毛球专项运动中各种具体的主、客观活动条件和实际情况。这就是羽毛球运动的活动结构。

羽毛球专项运动的主、客观活动条件概括起来主要有以下几点。

①在羽毛球专项运动中,运动员所需要实现的各种技术动作和战术行动,是在规定的场地上和一系列的竞赛规则的限制条件下和对手的积极对抗条件下进行的。完成任何一种技术动作或战术行动都必须受到自身的生理和心理因素的限制,都必须受到时间、空间和对抗条件的限制,都必须具有准备性、目的性、全面性、迅速性、突变性、协调性(双人)、准确性和紧张性。

②在羽毛球专项运动中,运动员所要实现的各种技术动作和战术行动,是在与对手的直接接触并在自己与对手积极对抗的条件下进行的(双人项目中还必须是在同伴的积极配合、协作活动的条件下进行的),完成任何一种技术动作和战术行动都将受到对手的积极阻碍与干扰,因此必须具有强烈的战术意识,必须迅速准确地感知和判断、灵活果断地抉择、主动适时地反应。

③在羽毛球专项运动中,运动员所要实现的各种技术动作和战术行动,是在比赛的高度紧张、竞争异常激烈中完成的。羽毛球专项运动具有短时间的一次高强度运动的特征,同时又是一种短时间的一次间歇相交替组成的长时间的活动。羽毛球专项运动的结果以记分定胜负,不受时间限制。因此,完成任何一种技术动作和战术行动都必须与运动员的情绪、意志和个性品质相联系,都必须与运动员强的甚至是极强度的生理与心理的紧张度相联系。

④在羽毛球专项运动中,运动员在各种主、客观的刺激作用下,各相应的大小肌肉关节协调活动,组成各种基本的技术动作。这种反应是以动作的多样性、精细性、动作结构变异大以及简单反应和复杂反应的迅速性、准确性、灵活性、敏捷性为特征的,并且这种反应又常以动作链的方式表现出来。

从运动员对各种主、客观的刺激作用的反应过程来看,运动员的反应过程是由知觉刺激物、归类动作类型(表象再认)、了解与揭露对方的意图及战略战术思想并做出预见、选择相对应的有效的应答动作、实现这种动作等因素组成的。其中最重要的是准确和迅速地感知、预见和应答外界刺激物的能力。

除此之外,羽毛球运动的专门特征,还与羽毛球运动竞赛水平的发展趋势有关。特别是当今国际羽毛球运动竞赛向着技术全面精尖快速化、能攻善守全能化、战术综合突变化、技术风格打法类型多样化、竞争对抗白热化的趋势发展,这种发展趋势从不同角度和不同心理层次上对羽毛球专项运动员提出了更高的心理要求。

鉴于羽毛球运动具有上述专项运动的活动结构与各种活动条件,对专项运动员提出的心理要求(即专项运动员的运动心理特征)不仅表现在运动员的认识、情感和意志等心理过程的各个方面，也表现在运动员的个性心理特征和心理状态的各个方面，它们是羽毛球专项运动员心理过程方面的特征与个性方面的心理特征的统一。

1. 羽毛球运动员的认知心理能力

在羽毛球运动的实践过程中，运动员所要完成的各种技术和战术行动是在规定的场地上和一系列的竞赛规则的限制条件下，在与对手的直接接触、相互制约、变化复杂的积极对抗条件下进行的。它要求运动员在完成各种技术动作和战术行动时，稳定而有效地集中、分配和转移自己的注意力，通过自己的各种感觉器官准确而又迅速地感知人、拍、球、网和场地的各种时空关系以及自身运动的情况，并在瞬息万变的情况下正确地判断场上的变化情况，预见对手的战术意图，精确地把握时机，适时地采取对策，迅速而又准确地调节自己的行为来实现自己的战术行动，等等。这就需要羽毛球专项运动员形成和具备各种空间知觉、时间知觉、运动知觉的准确性，注意力的集中、分配、转移能力，思维的敏捷性、灵活性和正确性以及球感等心理能力或心理品质。这些心理能力或心理品质，构成了羽毛球专项运动员的感知过程的心理特征、思维过程的心理特征和注意力的心理品质。

2. 羽毛球运动员的情绪、意志特征

羽毛球运动是使运动员的情绪体验产生较为深刻的一项运动。运动员的情绪特点受到各种主、客观因素和羽毛球运动本身固有特点的制约。运动员参加羽毛球竞赛的任务是要战胜对手。比赛过程中各种主、客观条件变化大、节奏快，运动甚为剧烈，机体要忍受极度紧张。

比赛时战局常常起伏不定，顺利与困难常常并存并迅速转换，场外的观众又表现出各种不相同的态度与评价，所有这一切与运动员对比赛意义的认识、期望以及当时的生理状态交织结合，便产生各种复杂多变的情绪体验，并作为一种最活跃的因素影响着运动员竞技水平的发挥。

因此，对于高水平羽毛球运动员来说，在比赛过程中必须保持良好的情绪状态，并使之处于较高的稳定水平，同时也必须发展情绪状态的稳定性并具备较强的自我控制调节能力。组织性、纪律性、独立性、主动性以及坚定、果断、刚毅、顽强、沉着、勇敢、坚韧、自信等意志品质是所有羽毛球运动员所必备的。

竞技运动水平提高的速度和在双方实力相当的比赛能否取得胜利，很大程度上取决于运动员意志品质发展的程度。因此，运动员意志品质的培养和发展对羽毛球运动员从事专项训练与竞赛具有十分重要的意义。

3. 羽毛球运动员的个性心理特征

由于羽毛球专项运动具有上述众多的专项特点和专项运动心理特征，它对专项运动员在精神运动特性方面、气质类型方面和性格特征方面同样也有一定的要求，这些要求就构成了羽毛球运动员的个性心理特征。

从精神运动的特性来看，羽毛球专项运动的活动结构、条件以及训练竞赛的各种特点，对专项运动员心理过程的强度、速度、稳定性以及心理活动的指向性和表现方式方面具有一定的要求。这些要求具体表现为从事专项运动的羽毛球运动员必须具备很强的高度灵活和平衡的神经过程。苏联的运动心理学家的研究表明，神经过程的强度决定了在强的和长时间的刺激作用下神经系统的耐力。

神经过程的灵活性是发展下述能力的条件：在技、战术情况改变时迅速改变自己的行动结构的能力，在和对手对抗中变换动作的速度、节律以及战术措施的能力。神经过程的灵活性还与运动员的速度能力的发展相联系，更多地表现在运动的速度、感觉运动反应的速度和爆发性的动作中，并能使运动员发展立即进入紧张活动的能力。神经过程的平衡性，保证了运动员在紧张因素作用下有完全适宜的反应和在竞赛活动中的稳定性。

上述的这些专项运动心理的能力和特征正是羽毛球专项运动员所必备的。因此，高水平羽毛球运动员的精神特性必须以神经过程强、灵活性高和平衡性好为特征。

（六）羽毛球运动员心理能力的检测

羽毛球运动员心理能力的检测就是指运用心理学的技术和方法对运动员的心理能力进行测量与评定。

对运动员心理能力的检测意义是很大的。因为，只有对运动员心理能力进行测量与评定，才有可能根据测量评定的结果对运动员未来运动的表现及效果进行预测；只有对运动员心理能力进行检测，才有可能进行区别对待，进行科学的定向训练，使训练过程与效果达到最佳化；只有对运动员心理能力进行检测并进行必要的针对性心理训练，才有可能最大限度地发挥运动员的身心潜力，促使运动员取得优异的竞赛成绩。

必须指出，运动的特点（包括不同项目、不同训练时期、运动员的不同水平等）、运动的任务（训练、比赛等）、运动员的个人特点不同，对运动员心理能力检测的内容与要求也不同。

1. 心理能力检测的程序

在科学训练和运动竞赛中对运动员心理能力的检测，一般包括如下的程序。

①长期的、常规的心理能力检测包括入队时的心理能力检测和年度、季度、各个时期的综合的、个别的运动能力的检测。

②训练过程的心理能力检测包括不同训练时期的一般心理能力检测（训练前、训练中、训练后的一般心理能力检测）、训练效果的心理能力检测和训练过程综合的心理能力检测。

③竞赛过程的心理能力检测包括赛前和赛后的心理能力检测。对运动员心理能力进行检测时应当根据运动训练的客观过程，对运动员心理能力的形成、发展和变化采用客观的指标进行比较与评定。这种比较与评定的基本内容与要求通常采用运动员的自身比较（不同时间、不同条件下心理能力形成、变化、发展的原因、现状进行比较）和与优秀运动员心理能力的比较。

2. 心理能力检测的指标与方法

运动员心理能力检测的指标与方法，是一个十分具体而又重要的问题。心理能力的检测方法因项目、因人、因时、因条件而异。

（1）心理实验检测的指标与方法

心理实验检测的指标与方法包括：①注意力集中、分配的检测；②反应能力（简单反应、复杂反应、综合反应、躯体定位反应等）的检测；③运动感知觉（肌肉用力感觉、速度与节奏知觉、时空判断知觉、运动知觉等）的检测；④运动记忆和运动表象的检测；⑤本体感觉（上、下肢运动方位感，躯体主动用力感，上、下肢各大关节及腕关节灵敏度）的检测；⑥操作思维能力的检测；⑦动作稳定性的检测；⑧运动技能学习能力的检测；⑨双手协调、下肢协调和上、下肢协调能力的检测；⑩神经系统、精神运动特性的检测。

（2）生理心理检测的指标与方法

生理心理检测的指标与方法包括：①运动员训练前、中、后及竞赛前、中、后的生理心理特点（心率、皮电、肌电、血管容积、血压、内分泌系统活动水平等）的检测；②运动员疲劳与恢复的心理特点（闪光融合、简单反应时等）的检测；③运动员焦虑状态的检测。

（3）社会心理检测的指标与方法

社会心理检测的指标与方法主要是采用心理测验的指标与方法对运动员心理能力进行检测，包括心理能力检测、心理状态检测、个性检测以及意识倾向性检测（包括动机、态度等）。

（4）专项心理能力检测的指标与方法

这是因项目而异的一些专门指标与方法，既要将心理学、运动心理学的一般指标与方法运用于专项实际，也要根据项目本身固有的特点进行设计。

对运动员心理能力检测的内容可以从一般心理能力的检测和运动条件下心理能力的检测来区别，其具体内容见表2-1。

表2-1 心理能力检测的内容

一般心理能力的检测内容	运动条件下心理能力的检测内容
工作能力	变化条件下迅速正确定向的能力
神经系统特征	在比赛过程中迅速地对信息进行加工的能力
分析器系统机能发展的水平	在时间极端紧迫的条件下有效思维的能力
智力能力	对突然产生的刺激和变化迅速做出正确反应的应变能力
意志特征	在肌肉系统逐渐疲劳的条件下保持心理稳定的能力
情绪特征	有意识支配自身情感、意志状态的能力
对新、强刺激表现的心理稳定性	自控能力（控制身体、动作以及心态的能力）
认知特点（感知觉、记忆等反应特点）	各种特殊的专项心理能力（如速度感、节奏感等）
动作特点	社会适应能力（各种人际关系等）
个性特点	专项运动活动的性能与意志

二、运动学基础

（一）运动技能概述

运动技能指的是运动中掌握和有效地完成专门动作的能力，也就是在准确的时间和空间里大脑精确支配肌肉收缩的能力。

通过上述对运动技能定义研究的分析，可归纳出：①运动技能是通过后天学习而获得的，而不是先天固有的；②运动技能是在神经网络、内分泌和免疫系统控制下的一种习得行为，须通过重复练习、强化而改进；③运动技能是由知觉、动作、练习构成的一个完整的三维体系。

由此可见，运动技能的习得过程实际上是根据某种规则或要求对练习者所进行的生理、心理和社会的长期改造过程。因此进一步了解运动技能的形成过程，探究运动技术的学习过程也是十分必要的。在体育教学中，无论学习何种类型运动技能，都要伴随着学习主体的感知和外显动作的不断改进，都要经过反复练习才能形成技能，进而达到强健体魄、愉悦身心、追求美感之目的。在这个过程中，运动技术的合理性和有效性会随着运动项目本身的发展、规则的变化、场地器材的更新，以及练习者运动能力的提高而发生变化。

（二）羽毛球运动技能的形成

羽毛球运动技能的形成要经历以下几个阶段。

1. 泛化阶段

运动员最开始接触羽毛球技术时，都是先由教练讲解示范然后自我练习，逐渐获得感性认识的，但此时运动员并不了解或没有深入了解运动技能的内在规律，其大脑皮质中的兴奋与抑制呈扩散状态，条件反射联系不稳定，出现泛化现象，因此做出来的羽毛球技术动作较为僵硬，不协调，看起来很吃力，而且有些动作是不必要的。对此，教练应注意进行正确的动作示范，抓住动作的主要步骤和运动员的主要问题进行指导，至于动作的细节，可以暂时不做强调。

2. 分化阶段

运动员初步掌握羽毛球运动技能后，简单了解了运动技能的内在规律，因此在做动作时减少了多余动作，动作协调性在不断提高。这时，其大脑皮质运动中枢兴奋和抑制过程逐渐集中，大脑皮质活动开始进入分化阶段，因此基本上不会再做很多错误动作，可以较为连贯地完成完整的动作技术过程。但偶尔还会做多余动作和错误动作，对此，教练员要重点采取错误纠正法进行指导。

3. 巩固阶段

羽毛球运动员在反复进行长时间的技术练习后，运动条件反射系统已经巩固，大脑皮质的兴奋和抑制在时空上都更加集中和精确，大脑皮质的活动逐渐进入巩固阶段。此时，运动员可以做出优美、准确的技术动作，而且即使受到外界因素的干扰，动作技术也不易受破坏，依然能够省力和轻松自如地完成动作。

4. 自动化阶段

所谓动作的自动化，是指运动员练习某一套动作时，可以在无意识的条件下完成的一种行为。其特征为：对整个技能动作或者是对动作的某些环节，暂时变为无意识的。例如，走路是人类自动化的动作，在走路时可以谈话、看报，而不必有意识地想应如何迈步，如何维持身体平衡；又如，技能熟练的羽毛球运动员在比赛时的快速挡球等动作也是自动化的动作。

（三）影响羽毛球运动员运动技能发展的因素

1. 大脑皮质机能状态

羽毛球运动员的大脑皮质机能状态对其自身技能水平的影响是非常大的。一般来说，通过应激水平可以反映大脑皮质的技能状态，疲劳会造成应激水平降低，羽毛球运动训练前的紧张状态会促进应激水平提高。通过调整运动前状态，做一些合理的准备活动可以将应激水平调整到最佳状态。

2. 各感觉机能间的相互作用

羽毛球运动员运动技能的形成就是在多种感觉机能参与下同大脑皮质动觉细胞建立暂时的神经联系。肌肉在感觉的支配下产生肌肉感觉，继而形成运动技能。羽毛球运动员必须经过反复的练习才能提高自己的运动技能水平，才能建立精确的分化，区别正确动作和错误动作的肌肉感觉，才能使正确动作得到进一步的巩固，避免错误动作频繁出现。

羽毛球运动员运动技能的形成不仅受听觉、视觉、味觉、皮肤感觉等的影响，还受内脏感觉的影响。在完成任何羽毛球动作时，都会受到这些感觉机能的影响，只是不同的练习内容对某种感觉机能的要求不同。所以在羽毛球训练中，运动员要尽量多地参加实战训练，以充分发挥各感觉机能的作用，有效促进运动技能的形成，从而获得理想的训练效果。

3. 运动成绩

在羽毛球运动训练中，运动员技能水平的提高一般都是先快后慢，主要是因为在学习新技术初期，过去已经掌握的与新技术有关的相似动作及动作经验具有迁移作用，有助于新技术的掌握；而且在初期技术动作的分化都是粗糙的，新技术对于身体素质的要求并不高。但到了后期，随着技术的不断熟练，对运动条件反射的精确性有了更高的要求，与训练初期形成的运动条件反射会产生较大的差距，需要重新建立新的运动条件反射，而且要求对技术进行精细分化。此外，随着运动员运动水平的提高，对身体素质也会提出更高的要求。因此，羽毛球运动员的技能水平不再像之前那样快速提升。

三、主要技术动作的生物力学分析

对体育动作技术进行生物力学分析，通常要做以下五个方面的工作。

（一）了解动作技术的一般过程

运用运动生物力学方法研究各项动作技术时，第一项工作是划分动作技术的范围、阶段和确定动作技术的特征画面。

1. 划分动作技术的范围

确定了动作技术的开始与结束瞬间,就可把动作技术的范围确定下来了。如起跳杀球的"起跳"动作,跨步后两脚离地瞬间是起跳动作的开始,两脚着地瞬间便是起跳动作的结束。又如抽球动作,从引臂举拍开始,到击中球、球离拍结束。

2. 划分动作阶段

动作范围确定后,要划分动作的不同阶段,为分析研究提供方便。如跳起杀球动作可划分为移步、下蹲、起跳举臂、挥臂杀球和落地等阶段。动作阶段划分的依据为:几个完整的、复杂的动作是由不同形式的简单的基本动作组成的。把它们相互区分开来,有利于对完整的动作进行分析研究。

3. 确定动作技术的特征画面

不同动作阶段的临界点(画面),称为动作技术的特征画面,如起跳杀球"起跳"动作中的足着地瞬间、最大缓冲瞬间、离地瞬间等。这些特征画面可表征各动作阶段的基本力学特征与动作质量。

4. 明确各动作阶段的相互影响及作用

虽然组成完整动作的不同阶段,其基本动作的形式、任务及性质不同,但它们同属于一个完整动作的不可缺少的有机组成部分,都是为完成完整动作的任务服务的,因此它们之间存在着必然的联系与因果关系。

(二)明确动作技术本身所要达到的目的

跳高的目的是使人体达到尽可能高的高度,跳远的目的则是使人体达到尽可能远的距离;而羽毛球的杀球起跳目的是使人体达到尽可能高的高度和适宜的远度,由分析可知,起跳结束时人体腾起速度的水平分量 V,主要是通过助跑获得的,而腾起速度的垂直分量 V_2,是通过起跳垂直力冲量的作用产生的。因此,不论是跳高、跳远或是跳起杀球的起跳任务,都是为了获得身体垂直向上的腾起速度(保持水平速度的损失在合理的范围内)。

(三)明确动作技术的关键环节

凡是对完成动作技术的目的起重要作用的动作阶段,都被称为动作技术的主要环节或关键环节。如起跳杀球动作中,挥臂杀球是关键环节,它最后决定杀球效果的优劣;而移步、下蹲、起跳、举臂各环节是为杀球创造有利条件积蓄力量的准备阶段或称必要环节。

（四）揭示动作技术的生物力学特征

动作技术的运动学特征参数一般通过动作技术影片或录像带的解析取得，动力学特征参数通过测力台等测试仪器测得。对所得数据进行加工处理，得出测试结果；然后对测试结果进行对照、比较、分析、整理，得出规律性数据材料；最后经分析、综合，写出动作技术的生物力学研究结果。

（五）做出结论

对一项研究所做的结论，是对研究结果的进一步归纳、提炼和升华。而研究结果的具体内容又是根据不同的研究任务而采用相应的测试与分析方法得到的。

分析动作技术的目的是根据需要和具体条件确定的，是多种多样的，因此得出的结论也是各不相同的，归纳起来有以下几方面。

①揭示动作技术的一般测试结果。结论可以揭示技术动作的一般测试结果，如动作技术的运动学参数、动力学参数的统计结果及动作技术参数曲线图、线条图、统计表等。

②揭示生物力学原理。通过对测试结果的分析研究，寻找各测试数据之间的内在联系及其与动作技术的关系，并在此基础上归纳出完成动作技术的生物力学原理。

③揭示高水平运动员动作技术的生物力学特征。不同等级的运动员完成动作技术时应遵循同一规律，即动作技术原理是一样的。但不同水平的运动员的身体素质发展水平不同，因此在动作技术特征方面反映出相应的差异。高水平运动员的动作技术生物力学特征可表示动作技术的发展趋势，因此了解高水平运动员动作技术的生物力学特征有助于完善动作技术原理的理论和改进动作技术的训练。

④做出生物力学诊断。最后，对完成的动作技术做出生物力学诊断。

第二节　羽毛球运动的健身价值

一、羽毛球运动与心肺功能

（一）羽毛球锻炼对呼吸系统机能的影响

呼吸系统功能的强弱取决于在人体生命活动中氧气和二氧化碳进行交换的能力。在进行羽毛球锻炼时人体对氧的需求量增加，呼吸频率加快，为了适应这一变化，呼吸系统的各个器官必须改善自身的工作能力。长期进行羽毛球锻炼能提高人体的摄氧能力和各呼吸器官的功能，改善呼吸系统的机能。羽毛球练习对呼吸机能的改善，主要表现在以下几个方面。

1. 使呼吸肌更加发达、有力、耐久，能承受大运动量

呼吸肌主要有膈肌和肋间肌，此外还有腹壁的肌肉。在深呼吸的时候，肩部、背部的肌肉也都起辅助的作用。羽毛球锻炼能使呼吸肌的收缩能力增强，胸围增大。

经常参加羽毛球锻炼可以促进呼吸肌的发育，使呼吸动作的幅度加大。一般人的呼吸差（尽量吸气时与尽量呼气时胸围差）只有 5～8 厘米，而经常锻炼的人，呼吸差可增加到 9～16 厘米。所以进行羽毛球锻炼对呼吸系统功能的提高是大有益处的。

2. 使肺活量增大，吸进的氧气和排出的二氧化碳增多

肺活量是衡量人体生长发育和健康水平的重要指标。经常参加羽毛球锻炼，有利于肺组织的生长发育和肺的扩张，使肺活量增加。另外，进行羽毛球锻炼时，经常性的深呼吸运动，也可促进肺活量的增加。平常人的肺活量一般只有 3500 毫升左右，经常参加羽毛球锻炼的人肺泡弹性大大增加，呼吸肌力量加大，肺活量比一般人大 1000 毫升左右。

3. 使呼吸深度加深

一般人的呼吸浅而急促，安静时每分钟呼吸 12～18 次。而经常参加羽毛球锻炼的人，呼吸深而缓慢，每分钟 8～12 次，这就使呼吸肌有较多的休息时间。这种差别在运动的时候表现得更为明显。例如，在运动量相同的条件下（轻微运动），一般人呼吸可增加到每分钟 32 次左右，每次呼吸量只有 300 毫升，每分钟呼吸总量为 300 毫升 ×32=9600 毫升，而运动员每分钟呼吸 16 次左右，但每次呼吸量可达 600 毫升，每分钟呼吸总量为 600 毫升 ×16=9600 毫升。从表面上看，一般人与运动员每分钟呼吸量相同，但实际上气体交换量却不相同。因为，每次呼吸都有 150 毫升空气留在呼吸道内，不能进入肺泡进行气体交换，所以实际换气量应是：一般人实际换气量为（300-150）×32=4800 毫升；运动员实际换气量为（600-150）×1=7200 毫升。

这表明，肌肉工作需氧量增加时，一般人是以增加呼吸频率来适应氧气的需要量，因此，一般人进行羽毛球运动时常常气喘，而羽毛球练习者由于呼吸机能提高，呼吸加深，在相同的条件下，呼吸频率稍有增加，就可以满足气体交换的需要。因此，工作可以耐久，不易疲劳。

（二）羽毛球锻炼对心血管系统机能的影响

羽毛球运动能够提高安静时心脏的泵血功能。研究表明，有氧运动能使安静时的心率下降，其原因是运动引起交感神经兴奋性下降和迷走神经张力增强。羽毛球运动属于ATP-CP系统、有氧和无氧混合供能，其主要供能方式一直受到人们的争议，近年来有人提出三种供能方式都很重要，但更多的人倾向于以有氧供能为主导的供能方式，由于羽毛球运动的强度可灵活调节，训练时一般保持在中等偏上的运动强度，运动时机体的供能主要来源于三磷酸腺苷（ATP）的分解和有氧供能。由于静息时的心率降低可以使心室舒张期相对延长，有利于心室充盈，同时提高心室充盈压进而提高心肌供血量。心肌耗氧量减少，是心脏做功更为经济、高效的表现，羽毛球运动对心脏泵血功能的提高有积极的促进作用。

羽毛球运动是击球力量大、挥拍速度快的附加阻力臂的高功率输出项目。在羽毛球运动中，运动员必须通过反复、快速地变换方向移动，最大限度地获得有利于进攻与防守的合理位置。大强度羽毛球运动者的心率在160～180次/分，中强度羽毛球运动者的心率在140～150次/分，低强度羽毛球运动者的心率在100～130次/分，长期进行羽毛球锻炼，可使心跳强而有力。

运动时骨骼肌收缩，耗氧量明显增加。心血管系统的反应是提高心排血量以增加血液供应，从而满足肌肉组织的氧耗，并及时运走过多的代谢产物。其主要表现在如下方面。

①肌肉运动时心脏排血量的变化。心脏排血量对急性运动有着敏感反应，其目的在于迅速适应机体活动的需要，运动初期心脏排血量快速增加，之后缓慢递增并逐渐达到稳定，此时机体血流状态与肌肉活动的代谢需求达到相对平衡的状态。运动时，由于肌肉的节律性舒缩和呼吸运动加强，回心血量大大增加，这是增加心输入、输出量的保证。在回心血量增多的基础上，心率加快，心肌收缩力加强，因此心排血量增加。

②肌肉运动时各器官血液量的变化。运动时心脏排血量增加，但增加的心脏排血量并不是平均分配给全身各个器官的。通过体内的调节机制，各器官的血流量将进行重新分配。心脏和进行运动的肌肉血流量明显增加，不参与运动的骨骼肌及内脏的血流量减少。运动开始时，皮肤血流减少，但以后由于肌肉产热增加，体温升高，通过体温调节机制，使皮肤血管舒张，血流增加。运动时各器官血液量的重新分配具有十分重要的生理意义，即通过减少对不参与活动的器官的血流分配，保证有较多的血流分配给运动的肌肉，维持一定的动脉血压。

③运动时动脉血压的变化。运动时动脉血压的变化取决于心脏排血量和外周阻力两者变化之间的关系,并与运动强度和运动方式等有关,运动开始阶段,收缩压由安静状态迅速升高,之后随着运动强度的增加而增加,最高约为26.66千帕,尽管此时总外周阻力有所下降,但是舒张压维持稳定或轻度增加。

在运动方式方面,动力性运动时,由于心脏排血量增加,外周血管总阻力变化不大,故血压升高,但以收缩压升高为主。静力性运动时,心脏排血量增加幅度较小,但由于肌肉持续收缩压迫血管和腹腔内脏血管收缩,使外周总阻力升高,故血压升高以舒张压最为明显。此外,与下肢大肌肉群的运动相比,机体在完成相同最大摄氧量强度的上肢运动时,动脉血压变化明显增强;与直立运动相比,倒立运动时收缩压和舒张压明显增高。

经常进行羽毛球锻炼,可使人体的心脏血管系统结构发达,机能提高,提高工作效率,心肌收缩蛋白和原肌凝蛋白的含量增加,心肌纤维变粗,心肌肥厚。

(三)提高心肺功能的羽毛球练习方法

1. 方法一

(1) 要求

准备活动一般安排10～15分钟为宜,如天气寒冷可进行20分钟。做准备活动时,一定要将全身各部位活动充分,避免受伤。基本部分的运动强度一般控制在最大强度的60%～70%,心率控制在每分钟120～140次。锻炼内容可根据自身的技术水平和体能状况制定,不要强求。一次可进行1～2项或3～4项。每次锻炼结束后切勿忘记整理活动,以10分钟左右为宜。一周进行2～3次的锻炼可以增强心肺功能,3～5次可以使心肺功能达到最佳状态,但要注意量力而行,逐渐加大运动量。

(2) 准备活动

①跑步:慢跑400米或变速跑400米。

②徒手操:行进操、原地操或广播操均可。

③徒手组合练习:根据所学技术进行徒手挥拍练习或步法练习。

(3) 锻炼方法

①加速跑:20米×3组。

②仰卧起坐:30个×3组。

③跳绳练习:单、双摇跳绳,两脚交替跳绳15分钟。

④羽毛球步法练习:每组30～90秒,6～12组,快速,组间休息2～3

分钟。

（4）整理活动

运动后要充分做好放松，可揉、捏、按压、抖动上肢，按摩肩、背，促进血液回流，带走肌肉中的乳酸，以便尽快消除疲劳。

2. 方法二

（1）准备活动

①跑步：慢跑400米×2组或变速跑400米×2组。

②徒手操：行进操、原地操或广播操均可。

③徒手组合练习：根据所学技术进行徒手挥拍练习或步法练习。

（2）锻炼方法

①快速的场上步法练习：每次可在45秒至2分钟之间，间歇30秒左右再进行快速步法练习，可做4～12组。

②跳绳练习：单、双脚跳绳练习15分钟。

③多球练习：运用多球，进行场上连续多次的各种击球练习15分钟。

④综合步法练习：网前上网步法、中场接杀步法、后场后退步法、全场范围的综合步法练习等。

（3）整理活动

可一人放松整理，也可两人相互按摩放松。运动量越大放松手法力量应相对小些，按摩手法力量可相对大些。

二、羽毛球运动与力量素质

羽毛球运动可以全面增强人的体质。前场、后场的快速移动击球，中后场的大力扣杀，被动时的扑救球，双打的换位击球等都需要练习者有较好的力量素质、速度素质、耐力素质、灵敏素质、柔韧素质以及快速的反应能力。经常从事该项体育活动可以发展人体的灵活性、协调性，可以提高人上下肢及躯干的力量，改善呼吸系统和心血管系统的功能，提高有氧供能和无氧供能的能力，调节神经系统并提高其抗乳酸的能力，而且能起到促进健康、抗病防衰、调节精神的作用。

（一）肌肉力量对健康的影响

人的一切随意运动，无论日常生活，还是生产劳动、军事训练或体育运动，都是在中枢神经系统参与下实现的肌肉活动。肌肉力量是人体最基本的身体素质，是进行一切活动的基础，人们所进行的各种日常的活动都是肌肉以不同的负荷强度、收缩速度和持续时间进行而带动骨骼的移动来完成的。

如果没有肌肉的收缩和舒张而产生的力量牵拉进行运动，人连起码的行走和直立也不可能，更不要说进行体育活动及体力劳动了。因此，肌肉力量是人日常生活和工作的最基本条件，是人体各器官系统协调工作的外在表现，运动学上将肌肉力量定义为机体依靠肌肉收缩克服和对抗阻力来完成运动的能力，是影响人体运动能力的基本要素。因此，肌肉适能维持着人类的生活能力，丧失肌肉活动力量的人，生活将无法自理。

当人体从事体育运动时，需要特殊的肌肉适能，这需要通过身体锻炼和运动训练获得。肌肉适能可以影响完成动作的快慢、体位移动一定距离的快慢、工作持续时间的长短、动作是否灵敏协调、关节活动范围的大小等，这对于人的身体活动能力有重要的影响。研究证实，机体的整体等长力量与身体稳定性、平衡能力呈正相关，良好的身体稳定性可以帮助人们掌握难度较大或者更需要技巧的身体锻炼方式，从而带给人更多的运动体验。研究表明，任何身体素质都是通过一定的肌肉工作方式来实现的，力量素质的发展能对速度、耐力、灵敏和柔韧等其他素质产生明显影响。力量素质决定着速度素质的提高、耐力素质的增长、柔韧素质的发挥和灵敏素质的表现。

（二）羽毛球运动提高力量素质的练习方法

羽毛球活动的内容和形式多种多样，可对身体产生多种影响。如果想通过羽毛球运动着重增强力量素质，可以通过以下练习达到目的，这些练习的特点是重复次数多，跑动频率快，练习时间长，对体能要求较高。下列练习方法仅作参考，可选择每种练习方法中的 2～3 项进行练习。

1. 方法一

（1）要求

运动强度一般控制在 60%～70%，心率控制在每分钟 120～140 次。

（2）准备活动

①慢跑或走跑交替进行：男子 800 米跑，女子 400 米跑。

②纵身跳：男子 80 次，女子 50 次。不计时间。

（3）锻炼方式

①立卧撑：快速立卧撑 15 分钟。

②跳绳练习：男子 500 次，女子 300 次。

③快速挥拍练习：快速挥羽毛球拍动作 15 分钟。

④挥羽毛球拍练习：重点进行前臂、腕、指的各种击球动作以发展击球爆发力 15 分钟。

（4）整理活动

运动后慢跑5分钟，然后用各种按摩手法进行全身性的放松，尤其是对上肢和下肢的放松。

2. 方法二

（1）要求

运动强度一般控制在70%～80%，心率控制在每分钟140～170次。

（2）准备活动

①慢跑或走跑交替进行：男子1200米，女子800米。

②徒手练习：进行徒手的羽毛球技术动作练习。

（3）锻炼方式

①跑动练习：侧身跑20米×2组；后踢腿跑20米×2组；高抬腿跑30米×3组；小步跑20米×3组。

②跳跃练习：单足跳20米×3组；蛙跳20米×3组。

③俯卧挺身练习：俯卧于垫上，两手相握放于背后，头部和上体反复做后仰动作，并配合深呼吸，30个×3组。

④屈伸负重练习：肩负20～30千克的杠铃分腿站立做屈伸练习，30个×3组。

（4）整理活动

先进行3～5分钟放松跑，后进行全身性放松，尤其注意下肢的放松。

三、羽毛球运动与速度素质

（一）羽毛球运动促进速度素质的提高

速度素质是人体的基本身体素质之一，在身体训练中占有重要的地位。

德国的著名训练专家D.哈雷博士在《速度及速度训练理论》一文中说："在田径的短跑和跳跃以及短距离自行车等项目中，速度对成绩起决定性作用。此外，速度还是短时间耐力项目和大多数球类运动的重要基础。"曾培养过一批世界级优秀运动员的加拿大图多·博姆帕博士在《运动训练理论与方法》一书中指出："体育运动中最重要的生物运动能力之一是速度""在短跑、拳击、击剑、冰球、球类运动等多种运动项目中，速度都起着重要的作用。在不以速度为主的运动项目中也可以将速度训练作为提高训练强度的手段。因此，速度训练几乎与所有运动项目有关。"

羽毛球运动练习中的速度表现形式有反应速度、动作速度、动作率和位移速度。反应速度包括简单反应速度和复杂反应速度。在平时的练习中，通过信号练习、特定动作练习等专门性练习可提高练习者的简单反应速度。而长期的有意识的防守反击练习则能有效地锻炼瞬间选择性反应能力。长期进行羽毛球运动练习对速度素质（尤其是快速起动能力）的影响是多方面的。速度素质的逐步提高对神经系统的灵活性、肌肉弹性、韧性、灵活性、伸展性等都有较大的促进作用，有助于身体健康。

（二）羽毛球运动提高运动速度的方法及运用

速度素质是羽毛球运动者进行快速运动的一种能力。羽毛球运动的技术都是以不同速度形式表现出来的，速度能力决定着羽毛球水平的高低。那么，怎样提高羽毛球运动中的速度呢？下面我们来介绍两种方法作为参考。

1. 方法一

（1）要求

准备活动一般以10～15分钟为宜，冬天可进行20～30分钟准备活动。一定要活动到微出汗为止，避免受伤。基本部分的运动强度一般控制在最大强度的70%～80%，心率控制在每分钟140～180次。锻炼内容可灵活选择，一次进行45～90分钟。每次锻炼结束后切勿忘记放松活动，以10分钟左右为宜。一周安排3～4次的锻炼最有利于提高速度素质。

（2）准备活动

先慢跑4～5分钟，后进行羽毛球基本技术的练习。

（3）锻炼方式

①快速转身练习：听口令快速转身跑，反复几次，练习15分钟。

②看手势练习：看手势向前、后、左、右各方向起动，练习15分钟。

③跳绳练习：单腿跳、双腿跳、单摇、双摇等，练习15分钟。

④起动练习：听口令，看信号做各种起动，如高抬腿、背向跳、跳起后马上起动等，练习15分钟。

（4）整理活动

可一人放松整理，也可两人相互按摩放松。运动量越大放松时间相应长些，按摩手法力量可相对大些。

2. 方法二

（1）要求

同"方法一"中的要求一致。

（2）准备活动

①慢跑5分钟。

②做行进间徒手操。

③进行羽毛球技术练习。

（3）锻炼方式

①步法移动练习：羽毛球场上步法移动（要求速度快）15分钟。

②快速跑练习：各种距离（30米、50米、60米、100米、200米）的快速跑15分钟，中间可以适当休息。

③跑台阶练习：高频率跑楼梯15分钟。

④多球练习：采用单项和综合技术，进行前、后场多球移动接球练习，每组前后各20个球，每两轮为一组，做3～4组。

（4）整理活动

运动后要充分做好放松，可揉、捏、按压、抖动上肢，按摩肩背，促进血液回流，带走肌肉中的乳酸，以便尽快消除疲劳，尤其是对下肢的放松。

四、羽毛球运动与柔韧素质

（一）羽毛球活动对柔韧性的影响

柔韧素质是指人体关节活动幅度的大小以及跨过关节的韧带、肌腱、肌肉、皮肤及其他组织的弹性和伸展能力。

柔韧素质包括两个方面的含义：一个是关节活动幅度的大小，另一个是跨过关节的肌肉、肌腱、韧带等软组织的伸展性。关节的活动幅度主要取决于关节本身的结构。跨过关节的肌肉、肌腱、韧带等软组织的伸展性，则主要通过合理的训练获得。

①关节是指骨关节，它是骨杠杆转动的枢纽，是肢体灵活与赖以活动的部位。因为人体运动是通过关节角度的变化来传力、受力才能使人体产生复杂多变的运动形式的，所以关节是人体固有的解剖结构。虽然骨关节结构具有解剖特点，并有其自然的生理生长规律，但如不经锻炼，其关节活动不会适应体育运动的需要。同样跨过关节的肌肉、肌腱、韧带也有其自然生理生长规律，如不经训练也只能维持自然生长情况下的活动能力。因此，只有通过体育锻炼，跨过关节的肌肉、肌腱、韧带及所跨的关节，在中枢神经支配下共同改变其功能，以适应体育运动所需要的形式、方向、范围和幅度。

②关节幅度是指构成关节的骨骼在其关节结构内，屈、伸、旋内、旋外，旋转的最大可能范围是遵循生理解剖规律而固定的，一般不从事体育运动时，没有必要达到最大范围。但体育运动中大部分动作需要尽可能地达到其最大范围以利于技术的发挥。因此，只有通过合理的柔韧训练才能使关节活动幅度逐渐加大以适应体育运动的需要。

③中枢神经支配下的肌肉。韧带力量的增长必须与所控制的关节活动范围相适应，不能因肌肉过分增大而影响关节活动幅度，也不能因肌肉、韧带过分伸展而造成关节的松弛无力。

可见，体育运动中的柔是指肌肉、韧带拉长的范围，韧是指肌肉韧带发挥的力量，控制关节不受损伤的最大活动幅度，柔和韧的结合便是柔韧，发挥的能力便是柔韧素质。

影响柔韧性的因素是多方面的，这些因素可以通过羽毛球活动得以改善，进而提高人的柔韧性。

柔韧性的表现主要来自骨关节，而骨关节结构因受先天的影响难于改变，所以，改善骨关节周围组织是加强关节柔韧性的有效措施。

关节的加固主要靠韧带和肌腱，肌肉则从关节外部补充加固关节的力量，控制关节活动幅度，它们共同作用，限制关节在一定范围内活动，从而保护关节不致超出解剖学允许的最大限度而受伤。当具体发展某一关节的柔韧性时，主要发展控制关节屈、伸肌的伸展性及协调能力，牵拉限制关节活动幅度的对抗肌，逐渐增加它们的伸展度，为了力求达到关节的最大解剖伸展度，就必须在完全克服对抗肌的阻力以后继续拉伸，从而牵拉到肌腱，最后才拉伸到韧带，所以平时我们所说的"拉韧带"，实际上首先是对肌肉、肌腱的拉伸。

（二）羽毛球活动中提高柔韧性的方法

1. 方法一

（1）准备活动

①各种拉长韧带练习（如压腿、后折叠腿、侧拉上臂等）。

②各关节部位的转动、屈、伸练习。

③手持哑铃于体前或体侧做绕"8"字练习，以充分活动手腕部的各个关节。

（2）锻炼方式

①各种跑：侧身跑 20 米，前踢腿跑 20 米，后踢腿跑 20 米，冲刺跑 30 米，两腿交替跳 30 米。

②转臂练习：手持哑铃于体侧做旋内、旋外练习。

③高频率跨越障碍物：障碍设置可用 10 个羽毛球一字排开，两球间距离 1.2～1.5 米，练习 15 分钟。

④振动性伸展练习：对伸展的部位做有节奏的振动，利用振动加大伸展的幅度。例如，正压腿或上体做向前的振动，使胸、腹部接近腿部。

（3）整理活动

可两人相互按摩，揉、捏和抖动上肢，拍打和敲打腿部进行放松，手法和力度可根据对方要求进行。

2. 方法二

（1）准备活动

①行进间徒手操。

②上肢、髋、正侧压腿、拉伸肩部。

③活动肩、肘、腰、膝、踝、手腕、手指等关节。

（2）锻炼方式

①振动性伸展练习。对伸展的部位做有节奏的振动，利用振动加大伸展的幅度。练习时要注意振动的力度不可过大，否则可造成韧带拉伤。

②助力性伸展练习。这种练习一般与同伴配合，互相给予外力，借助外力拉长肌肉和韧带。一种姿势给予外力静止伸展6秒钟左右，稍休息，再做下一次助力伸展练习，如此反复。

③大幅度摆动的伸展练习。有节奏地、快速有力地挥摆是增加关节活动幅度的有效练习。快速挥摆不仅可以提高柔韧性，还可以增加肌肉力量，是避免关节韧带只柔不韧的练习方法。这种练习多用于髋、肩关节，采用各种踢腿、振臂的动作。

④多球练习。练习时可以从有规律到无规律，长、短球结合，最后模拟实战的情况进行练习，从而提高综合应用技术的能力。

（3）整理活动

可一人放松整理，也可两人相互按摩放松。运动量越大放松时间相应长些，按摩力度可相对大些。

五、羽毛球运动中的损伤与预防

当我们进行任何一项体育运动时，如果锻炼的方法和运动技术不当，都可能给身体带来一些不必要的损伤，羽毛球运动也不例外。由于羽毛球运动是隔网项目，竞赛双方的身体不发生直接碰撞，所以羽毛球运动损伤发生的概率与其他运动项目比较，并不算太高。然而，由于羽毛球运动强度大，比赛时间长，运动中身体某一局部负担较大。在这种情况下，如果运动时思想上不重视、技术动作不正确或运动方法不当，就可能造成运动损伤。

（一）羽毛球运动中常见的运动损伤

1. 手腕关节损伤

在羽毛球运动中，手腕关节是较容易受伤的部位。症状是击球发力时手腕无力或疼痛。由于羽毛球的技术要求，无论是后场大力杀球，或者前场的小力击球，都要求手腕有基本的后仰和外伸的动作。然后随着不同的技术要领手腕快速伸直闪动鞭打击球或手腕由后伸外展到内收，内旋闪动切击球，手腕在这种快速的后伸、内收、鞭打动作中做出不同角度的击球动作，因而容易造成手腕部薄弱的三角软骨盘的损伤。

2. 肩袖关节损伤

肩袖损伤也是羽毛球运动中多发的一种损伤病状。这是由于在羽毛球的各项技术中，其基本动作都需要肩部后引、胸舒展。当球落至额前上方击球时，上臂向上方抬起，肘部领先，前臂自然后摆，手腕后伸，前臂急速内旋带动手腕屈收鞭打发力。因此，肩关节经常重复这种动作，使得组成肩袖的四块小肌肉长期处于离心性超负荷状态，稍不小心，极易造成运动损伤。症状是挥臂击球时肩关节感到明显疼痛，不能够做大的发力动作。

3. 踝关节及跟腱损伤

在羽毛球运动中起跳和迅速的急停，特别是网前跨步放球，或变向的腿部动作过多，使踝关节和跟腱周围的肌腱韧带很容易受伤。另外，在拉力产生过快、斜向受力、受力之前施加外力等情况下也容易受伤，一般表现为跟腱部位疼痛，尤其是跳起后着地，后腿支撑或做蹬地动作时。

4. 肘关节损伤

肘关节损伤症状是肘部静止时没有疼感，但击球一发力即痛，肘关节活动范围受到限制。这就是人们常说的网球肘。肘关节损伤是羽毛球运动中最易出现的，很多控制手指、手腕和前臂运动的肌肉都附在肘关节周围，主要是技术动作不合理或局部练习负担过重造成的。在羽毛球运动中，屈腕、旋前臂的动作比较多，且使用的力量都是较大的爆发力。如反手击球动作，它是靠上肢的屈腕肌和旋前肌来完成的。肘关节在130°～180°时，伸肌群的合力最为集中，而此时外侧韧带也拉得最紧，如果用力过大，就有可能超越肌体负荷，发生损伤。因此在羽毛球运动中，肘关节受损概率也是很高的。

5. 膝关节损伤

羽毛球运动中，两腿经常出现瞬间的变向、侧身前屈、后伸、起跳及跨步，使膝关节不断承受剧烈拉力。一旦某个动作不协调、过度用力或过度疲劳，就会引发膝关节损伤。症状是膝关节酸痛无力或活动时膝部稍一弯曲就疼痛。

6. 身体其他部位损伤

羽毛球运动也会出现身体其他部位的损伤，其中大腿肌群肌肉损伤居多。造成这一损伤的原因有两个。一是由于运动前的准备活动不充分。如气温较低时，肌肉的黏滞性较高。肌群处于僵硬状态，如果不充分做好热身的准备活动，极易在突发性用力时出现拉伤。二是由于股四头肌力量不足或训练不足。不能承受训练中大强度的腿部瞬间位移、急停和起跳而造成股四头肌拉伤。

（二）羽毛球运动损伤的原因及预防

如果运动中注意自我保护，加强损伤的防范意识，可以有效地避免一些不必要的运动损伤，或将运动损伤的发生概率降到最低。在运动中要注意以下几个方面。

1. 做好充分的准备活动和积极的放松整理活动

运动前不重视做准备活动，或准备活动做得不充分、不正确、不科学，是引起羽毛球运动损伤的重要原因之一。准备活动不充分，肌肉、内脏、神经系统机能不兴奋，肌肉血液供应不足，在这样的身体状态下进行运动，动作僵硬、不协调，极易造成损伤。

在进行羽毛球运动前，首先应进行全面的、一般性的准备活动，例如，身体自上而下各关节的活动，包括绕环、拉韧带以及慢跑，然后进行一些专项准备活动，如挥拍活动、起动步法及前后左右各方向的步法跑动练习。准备活动的量与时间要控制好，不能不动，也不能太猛，应以身体觉得发热、微微出汗为最佳。在寒冷的冬季，尤其要做好准备活动，避免因肌肉韧带僵硬和没活动开而致伤。

运动后要进行积极的整理放松活动，促进肌肉疲劳的恢复。运动后及时做一些拉长肌肉韧带的静力牵拉练习和按摩放松活动，能促进肌肉的乳酸代谢，缓解肌肉和关节的酸痛感觉，促进肌肉疲劳的恢复，减少再次运动时由于肌肉没有恢复而造成的损伤。其方法是采用揉捏、敲打、抖动等方式对负荷量较大的肌肉部位进行放松，一般来说，运动过程中或运动后都应进行放松整理活动。

2. 合理掌握运动量，防止运动量过大

由于下肢前后左右不停地反复奔跑，上肢无数次大力挥臂击球，腰腹、躯干连接上下肢运动,所以运动中身体各部位负荷都比较大。如果运动量或内容的安排不合理,某一局部负担过重,就会造成局部的损伤。例如,多次重复一个动作的练习,机体会因无法承受而致伤;多次进行大力杀球,肩部肌肉负担过重;多次进行上网步法练习,膝关节局部负担过重。因此,在运动中上下肢负荷安排要适当,各项活动内容要交替进行,并留意运动后身体各部位的反应。

3. 掌握正确的技术动作

运动中技术动作不规范、不符合人体生理特点,是造成运动损伤的一个重要原因。技术动作合理、准确,不但运动起来省劲、舒服、漂亮,而且不易受伤。相反,技术动作不合理、笨拙,不但费力别扭,而且极易受伤,例如,上肢击球动作僵硬,用力不合理,不符合生理特点,易造成肩关节受伤。又如,击球时手腕没有前臂、上臂内外旋带动,只用手腕屈伸击球,手腕极易受伤。做上网步法时,如果前脚掌着地、重心前冲,髌骨极易受损。

4. 加强力量素质的练习

力量素质是一切运动的基础。力量素质好,特别是小肌肉群力量好,能有效预防运动损伤;相反,肌肉力量差、伸展性不好是致伤的一大诱因。对于运动时易出现损伤、力量又相对较弱的身体部位,应注意提高其机能和承受运动负荷的能力,特别是注意改善其肌肉力量和肌肉的伸展性,这是预防损伤的一种积极手段。

5. 运动时保持良好的身体状态

当身体疲劳时,身体各部位运动机能状况一般,易出现反应迟钝、动作不协调、运动能力下降等反应。此时如果仍然勉强参加运动,身体极易出现损伤。因此,在进行羽毛球运动前和运动过程中应随时注意观察身体各部位肌肉的反应,有肌肉发硬、酸痛或有"不愿意运动"的感觉时,不要勉强进行练习。

6. 注意运动环境因素对损伤的影响

在过滑的场地上进行羽毛球训练,下肢易拉伤。在过硬的地面上运动,如水泥地、砖头地等,膝、踝关节易劳损。场地不平或有异物会扭脚。鞋袜不合适、鞋子过大或过小、鞋底过硬、袜子太薄或球拍过重等都不利于运动。

(三)常见羽毛球运动损伤的处理措施

大量的羽毛球运动实践证明,对于一些轻度的损伤,促进其恢复的较有效的方法是以预防和治疗为主,适当加强受伤部位的力量训练和注意改善该部位的肌肉伸展度。当然,如果在进行了一些改善措施后,伤势仍然继续发展,则必须去医院就诊。对于羽毛球运动造成的常见损伤的处理措施如下。

1. 手腕损伤的处理

手腕是羽毛球运动技术使用最频繁的部位之一,如果旧伤未愈又添新伤,第一要务是及时果断处理新的损伤,停止并且控制腕部的运动。不论新伤还是旧患,均可以局部外敷消肿止痛药膏,也可以选择在关节内注射肾上腺皮质激素类药物,同时将前臂固定于中立位,进行损伤部位的固定及包扎进而限制腕与前臂的旋转活动,倘若有尺骨小头向背侧隆起的情况,则需要用压垫加压进行全扎固定。上述处理方法,对手腕损伤的恢复有一定的帮助。

2. 肘关节损伤的处理

急性损伤期,伤肘应暂停活动并适当休息。意外损伤发生时即刻进行局部冷敷,外敷伤药,然后进行加压包扎。24~48小时后,做下一步处理时,可以考虑理疗、按摩、外敷中药或针灸等治疗方法。对于急性损伤期的伤患者来说,在局部封闭注射肾上腺皮质激素类药物,往往也能收到一定的疗效。对于慢性伤者来说要以理疗、按摩、针灸治疗方式为主,外敷膏药为辅;在损伤治疗过程中出现疼痛加重或持续疼痛的患者,应立刻停止肘部的用力活动;此外,肌肉韧带断裂或伴有撕脱骨折的伤者,建议进行手术缝合。根据伤情缓急轻重,进行对应处理。

3. 肩关节损伤的处理

肩关节损伤可以采取理疗、针灸、按摩、外敷伤膏药或局部封闭注射药物等方法,当出现急性肩关节损伤时,应及时将上臂外展30°后固定休息,暂停肩部超范围的急剧旋转运动和专项技术练习。急性期过去后,可适当做肩关节的绕环及旋转练习。在伤后恢复过程中,应坚持做上肢下垂放松练习,然后反复进行肩部的角度抬举练习,循序渐进,根据恢复状态调整运动强度,到基本感觉不到疼痛的阶段,可进行负重练习并逐步过渡到专门练习。慢性伤者可从事肩部的各方活动,但应避免做引起疼痛或加重损伤的一些惯性动作。总之,不管是急性损伤或慢性损伤者都应根据实际情况做相关运动的计划安排和适当休息。

4. 腹部或腰部损伤的处理

羽毛球正反手扣杀过程中,腰腹部损伤的可能性增大,一旦出现急性腰扭伤,应躺下休息,并且在腰后垫一小垫,使肌肉和韧带处于松弛的状态,然后在进行针灸、封闭、外贴膏药和按摩等疗法配合治疗,其中按摩对腰部损伤，尤其是骶髂关节及小关节扭伤，有较为显著的疗效。在恢复过程中，也可以借助辅助椅进行系列的恢复练习，如将两个辅助椅的摆放保持1米间隔，根据损伤部位采用仰卧或俯卧姿势，将肩部和小腿支撑在辅助椅上，背、腹部悬空，同时与肩腿部呈水平线绷直，根据具体情况将重物放于腰或腹部，做静力支撑动作，3～5分钟为一组，每次练习3～6组，间歇时可进行腰部绕环放松等伸展性练习。必要时可用腰带加以保护。

第三章 现代羽毛球运动的教学理论

从运动学角度来讲,羽毛球运动本身和许多学科都有一定联系,只有深入剖析和羽毛球运动存在联系的学科理论基础,才能有效推动羽毛球运动的发展进程,提高羽毛球运动的教学质量。为此,本章逐一对羽毛球运动教学的理论基础和羽毛球运动教学的基本理论进行了深入研究。

第一节 羽毛球运动教学的理论基础

一、运动生理学基础

运动生理学是体育科学的基础学科和人体生理学的分支。对于羽毛球运动来说,对运动生理学基础进行分析,有助于我们了解人体在从事羽毛球运动时机体的结构和机能的变化,以及机体运动技能的发展规律。除此之外,其对科学的羽毛球运动教学方法的选用和实施都有非常重要的意义。就羽毛球运动教学来说,运动生理学理论的主要内容分别是新陈代谢和供能系统,具体如下。

(一)新陈代谢基础

1. 糖代谢

糖是对羽毛球运动员有很大影响的能量物质之一,这项能量物质能够给运动员提供能量。对于羽毛球运动教学来说,人体糖代谢过程主要由糖的合成代谢和糖的分解代谢组成,具体如下。

(1)糖的合成代谢

当羽毛球运动者摄取了植物或动物性食物中的糖质,之后,这些糖质就会在机体消化酶的作用下,转变为可以被运动者吸收的葡萄糖分子。这些细小的葡萄糖分子经小肠黏膜的上皮细胞葡萄糖运载蛋白转运进入血液,成为血液中的葡萄糖(即血糖)。血液中的这部分葡萄糖可以合成糖原,成为大分子的糖。

另外，肝脏还可以将体内的乳酸、丙氨酸、甘油等非糖质物质合成葡萄糖或糖原，这一过程即为糖的异生作用。机体中，合成糖原和糖异生的过程共同组成了糖的合成代谢。

（2）糖的分解代谢

具体来说，糖的分解供能主要由无氧酵解供能和有氧氧化供能组成。详细来说，当氧供应充足时，来自糖（或脂肪）的有氧氧化；当氧供应不足时，即来自糖的酵解生成乳酸。乳酸最后在供氧充足时，一部分继续氧化，释放的能量使其余部分再合成为肝糖原。

由此可见，糖和脂肪这两种物质的有氧氧化是人体肌肉收缩能量的最终来源，机体的糖储备会在一定程度上影响到机体运动耐久力，从相关的研究中可以得知，糖储备与运动能力是呈正相关的，肌糖原降低与运动性疲劳和运动性损伤的发生也有密切的关系，机体过度消耗糖储备可引起中枢性疲劳，还有可能导致低血糖。

2. 水代谢

水是人体不可或缺的一种物质，缺少水的身体会难以维持生命活动，保持身体内部水分代谢平衡是人体维持正常生命活动的一项必要条件。水在机体细胞中的存在形式分别是游离水和结合水，前者约占95%形成细胞内液和细胞外液，后者占4%～5%。当机体细胞出现衰老后，细胞含水量也会随之降低。

一般情况下，人体都是通过摄取食物来补充体内水分的，除此之外，体内物质代谢过程中也能产生一定的水分。人体内不仅要摄入水，还要进行新陈代谢，将一部分水分排出体外，其所借助的形式主要有：尿液、皮肤、肺以及粪便。在羽毛球运动教学过程中，人的体内就会产生过多的热量，因此，出汗便成为水分排出及维持体温恒定的主要途径。

3. 脂的代谢

脂肪在人体中也是非常基本且重要的一个能源物质，能够为羽毛球运动者提供所需的能量。通常，人体是通过动物脂肪和植物油等的摄入来补充脂肪的。进行羽毛球运动，对机体良好的脂代谢会起到积极的促进作用，对心血管疾病的防治也会起到非常良好的效果。

（1）脂肪的合成代谢

在羽毛球运动过程中，脂肪代谢的动员速度是相对较慢的，短时间剧烈的羽毛球运动会在一定程度上抑制脂肪的分解，而长时间的羽毛球运动，运动者所需要的能量主要来自脂肪酸氧化供能。

羽毛球运动，会或多或少地影响脂肪代谢，主要反映在三个层面：第一，有助于增强运动员机体氧化利用脂肪酸供能的能力；第二，有助于改善运动员血脂异常情况；第三，能够或多或少地降低运动员体脂积累。

（2）脂肪的分解代谢

作为一种高热能物质，脂肪能够进行分解代谢。脂肪分解代谢产生的能量往往在多种生命活动过程中都有应用，主要满足机体长时间中低强度运动的热量需求。

人体内的脂肪作为细胞燃料参与供能只能通过有氧代谢的途径进行分解和释放热量，在人体中，脂肪的分解代谢首先是分解成甘油和脂肪酸，其次是甘油和脂肪酸进一步分解成二碳单位，最后生成二氧化碳和水。

4. 蛋白质代谢

蛋白质的代谢，通常包括两个方面的内容，一是合成代谢，二是分解代谢。一般地，可以通过对食物中的氮含量和尿液中排出的含氮量来测定，将人体蛋白质的代谢状况确定下来。正常情况下，人体蛋白质的代谢状况与组织的生理活动是相适应的。正常成年人体内的蛋白质分解与合成处于一种动态平衡状态，具体是指人体摄入氮和排出氮相等，换句话说，就是氮总平衡现象，但也存在氮正平衡和氮负平衡。

羽毛球运动对蛋白质代谢有重要的影响，就是说，机体在羽毛球运动中，蛋白质可提供一部分能量；而运动能够使骨骼肌蛋白质合成、增加肌肉。

5. 无机盐代谢

无机盐在人体内也有着非常重要的作用，其不仅是构成人体组织的重要物质，还能使人体正常生理活动的维持得到有力保证。通常情况下，钠、钾、铵盐这些单价碱性盐类，被人体吸收得很快；也有一些不容易被人体吸收，比如，多价碱性盐类。一般来说，不能被人体吸收的主要是能与钙结合而形成沉淀的盐，较为常见的有硫酸盐、磷酸盐和草酸盐等。如3价的铁离子不易被吸收，但是，通过维生素C能够使高价铁离子被还原为2价的亚铁离子，这样，就更容易被吸收。

另外，还需要强调的是，钙的吸收需要维生素D的存在，钙盐在酸性环境下溶解得较好，被吸收得较快。具体到羽毛球运动教学，其和人体无机盐储存状况之间的关系体现在以下两个方面。

一方面，无机盐往往是以磷酸盐的形式而存在于人体的骨骼中的（如钙、镁、磷元素等），作为结构物质，其他少量的无机盐（如钙、镁）以离子形式存在。人体在参与羽毛球运动时，会进一步激发和促进机体内部的化学反应,许多矿物质因参与化学反应而消耗,或随着大量出汗排出体外。这时候就需要对这些消耗的物质进行适当的补充,从而保证运动中机体的需求,如果这些元素缺乏,就会对人体的运动能力产生一定的影响,同时,还有可能导致一些病症的产生。

另一方面,机体内的一部分无机盐在体液中解离为离子,即电解质,其主要作用在于对渗透压进行适当的调节,以及使酸碱平衡得到有效的维持等。体液中的阳离子和阴离子同时存在,这些物质在人体的细胞代谢活动中具有十分重要的作用。在羽毛球运动教学过程中,这些离子会随着大量出汗而流失,如果电解质流失过多,往往会导致肌肉无力、心脏节律紊乱、肌肉抽搐、运动能力下降、易疲劳等不良运动状态的产生,对羽毛球教学有极大影响。

6. 维生素代谢

维生素在人体中也是不可或缺的重要方面,其能够使人体生长发育和代谢得到有效的维持,人体对维生素的需要量每天仅以毫克或者微克计算,需要强调的是,维生素在人体内是不能合成的,只能够通过摄入食物来达到供给的目的。

由于羽毛球的运动强度较大,因此,在运动锻炼过程中,机体中物质和能量代谢会加强,从而进一步增加了维生素的消耗量,除此之外,羽毛球运动还能在一定程度上降低胃肠道对维生素的吸收功能,而增加机体对维生素的需要量和供给量。在人体中,大多数维生素都会参与辅酶的组成,因此,如果缺乏维生素,就会影响到酶的催化能力,进而引起机体代谢失调,从而使机体的运动能力有所降低。但需要强调的是,羽毛球运动者过量摄入维生素,并不会使运动能力得到提高,因此摄入量要适宜。

(二)供能系统

羽毛球运动的供能系统分别是磷酸原系统、糖酵解系统、有氧氧化系统,这三个供能系统的特征与作用如下。

1. 磷酸原系统

从根本上说,磷酸原系统就是三磷酸腺苷-磷酸肌酸,简称 ATP-CP。由此可以看出,磷酸原系统是由细胞内的 ATP 和 CP 两种高能磷化物构成的。磷酸原系统的供能特征主要反映在三个层面:第一,供能绝对值相对较小;第二,持续时间很短;第三,供能速度快。

在这一供能系统中,ATP 是细胞唯一能直接利用的能源,其能量输出的功率也最高。ATP 主要储存在细胞中,其中以肌细胞最多。ATP 水解的放能反应可以为各种需要能量的生命活动和过程供能，以维持各种生理功能并促使机体完成技术动作。其中，较为典型的有肌肉收缩、生物电活动、物质合成及体温维持等。具体到羽毛球运动中，运动员肌肉内的 ATP 能够通过分解而直接供能，储存在肌纤维中的 ATP 在 ATP 酶的催化下迅速分解为二磷酸腺苷（ADP）和无机磷（Pi），释放能量，牵拉肌丝滑动，使肌纤维缩短，由此为运动员高质量完成不同类型的技术动作发挥保障作用。

2. 糖酵解系统

详细来说，糖酵解系统就是所谓的无氧糖酵解系统，人们也将其称为乳酸能系统。糖酵解系统的能量产生是靠肌糖原的无氧酵解，最后产生乳酸，而放出的能量被 ADP 接受，再合成 ATP。可以说，在机体处于缺氧的情况下，糖酵解系统是能量的主要供给系统。糖酵解能够系统地为人体进行能量供应，从某种程度上说，糖酵解系统的功能与磷酸原系统一样，能在暂时缺氧的情况下迅速供能。

运动员无氧代谢能力对其无氧耐力素质的实际水平有很大的影响，原因在于磷酸原供能时间短，所以糖酵解供能是无氧耐力的关键性依靠。糖酵解系统供能过程是不需要消耗氧的无氧代谢过程，它是人体运动时无氧代谢供能系统的重要组成部分，本身就具有非常重要的意义，具体来说，主要表现为：在缺氧情况下仍能产生能量，以满足运动时体内能量的应急需要。

3. 有氧氧化系统

在羽毛球运动过程中，运动者还可以借助有氧氧化系统来供能，具体来说，就是在氧供应充足的情况下，运动所需的 ATP 主要由糖、脂肪的有氧氧化来提供大量的能量，从而使肌肉长时间的工作得到有效的维持。有氧氧化系统供能是指糖和脂肪在供氧充分的情况下，分解成二氧化碳和水，同时产生大量的能量，使 ADP 再合成 ATP。

有氧氧化系统生成丰富的 ATP，且不生成乳酸这类易导致疲劳的副产品，它是人进行长时间耐力活动的主要供能系统。羽毛球运动对运动者的有氧代谢能力有着较高的要求。有氧代谢能力是耐力素质的基础，与人体心肺功能有着一定的关系。糖、脂肪和蛋白质都是有氧氧化系统的重要原料。其中，脂肪可以通过有氧氧化重新合成 ATP。其次，当运动者经过长时间大强度的训练，机体糖原消耗殆尽时，蛋白质常用作有氧氧化系统的原料来重新合成 ATP，但蛋白质提供的热量用于肌肉活动的很少。运动者在进行羽毛球运动过程中，机体内部磷酸原系统和糖酵解系统都供应能量，但 ATP 和磷酸肌酸的最终合成以及糖酵解产物乳酸的消除却要通过有氧氧化来实现。因此，糖和脂肪的有氧氧化供能是运动者肌肉活动所需能量的最终来源。磷酸原系统能在短时间内快速作用,是羽毛球运动者快速击球动作中肌肉运动的主要供能系统,需要引起高度重视。

羽毛球运动对参与者的运动水平提出了很高要求,而参与者要想具备很高的运动水平就必须经历相对复杂的运动过程,参与者机体内部的各项供能系统应当协同完成相应的供能任务,运动机体内的所有供能系统均存在自身的特征以及供能能力,如表3-1所示。羽毛球运动员想要在训练过程中获得巨大进步,就一定要合理利用机体的三大供能系统。

表3-1 三大功能系统的特点

功能系统	能源物质	输出功率	功能时间
ATP-CP系统	ATP、CP	最大	6～8秒
糖酵解系统	肌糖原、血糖	约为ATP-CP系统的50%	30～60秒达最高,可维持2～3分钟
有氧氧化系统	肌糖原、血糖	约为糖酵解系统的50%	1～2小时
	脂肪	约为糖酵解系统的20%	理论上无限

二、运动营养学基础

食物中能够维持机体正常生长发育、正常新陈代谢的物质,就是所谓的营养素。机体所需的营养素有五十多种,具体可以分为以下六大类。

(一)糖类

1.糖类的营养功能

糖是由碳、氢、氧三种元素组成的一类化合物,又称碳水化合物。糖是运动中最重要的能量来源,根据分子结构的繁简,糖分为单糖、双糖和多糖。糖类的营养功能主要包括:第一,它在人体内转化的热能,具有数量多、速度快的特点;第二,糖类对于其他营养素的代谢有积极的促进作用,与蛋白质、脂肪结合成糖蛋白、糖脂,组成抗体、酶、激素、细胞膜、神经组织、核糖核酸等具有重要功能的物质;第三,糖类还具有保肝解毒作用,当肝糖原贮存充足时,肝脏对毒物有很强的解毒作用。

2.羽毛球运动中糖类的消耗与补充

(1)糖类的消耗

通常情况下,羽毛球运动中,人的新陈代谢速度加快,能量的消耗也要大于不参与羽毛球运动锻炼时。糖类消耗的主要特点在于耗氧少、易消化,其主要代谢产物为水和二氧化碳。在羽毛球运动过程中,人体内的水和二氧化碳会随时排出,同时,还要不断地及时补充水和氧气。如果糖类消耗过多而不进行及时的补充,就会导致供需脱节,出现供需不平衡的情况,这对于羽毛球教学的进行是不利的,严重者还会影响身体健康。

(2)糖类的补充

在羽毛球运动的不同阶段,糖类的补充也是有所差别的,这就要求在遵循区别对待的原则的基础上来进行糖类的补充,具体如表3-2所示。

表3-2 羽毛球运动过程中补充糖类的方法与要求

阶段\项目	时间	数量	备注
运动前	在大运动负荷前一周或数日内,可采用在赛前1～4小时补糖	大运动量前数日内按10克/千克补糖,或在赛前1～4小时补糖1～5克/小时	应补充低聚糖,主要以果糖和葡萄糖为宜
运动中	每隔20分钟补糖一次,少量多次饮用含糖饮料	一般不大于60克/小时,1克/分钟	—
运动后	理想的状况是在运动后即刻、运动后2小时内以及每隔1～2小时连续补糖	0.75～1克/千克体重,24小时内补糖总量达到9～16克/千克体重	补糖时间越早,效果越好

(二)蛋白质

1. 蛋白质的营养功能

蛋白质是一切生命的基础,是一种由氨基酸组成的高分子化合物。它主要由碳、氢、氧、氮四种元素构成。

蛋白质具有非常重要的营养功能,具体表现为:第一,蛋白质是构成和修补人体组织的主要原料;第二,蛋白质对于人体的代谢、更新非常重要;第三,蛋白质能够起到修补损伤的组织的作用;第四,各种酶和激素能够对体内生化反应起到积极的调节作用,使肌体正常的免疫功能得以维持。

2. 羽毛球运动中蛋白质的消耗与补充

(1)蛋白质的消耗

蛋白质过多可使机体代谢率增高,同时也会使水分的需要量增多,因此,这就要求在羽毛球运动进行之前,一定要保证蛋白质的摄入量适宜。

由于羽毛球运动使人心跳加快、酶活性提高、激素调节活跃,进而导致运动者体内蛋白质的分解和合成代谢有所增加,这也就进一步增加了蛋白质的消耗量。

(2)蛋白质的补充

长时间进行羽毛球锻炼的人,当食糖或能量摄入充足时,每日蛋白质的正常需求量是1.0～1.8克/千克体重。随着运动水平的不断提高,机体对蛋白质的需求量也会有一定程度的增加。具体来说，就是要以羽毛球运动的时间和负荷量为主要依据，来对蛋白质的摄入量进行适当的调整，使其满足机体对蛋白质的需求。

（三）脂肪

1. 脂肪的营养功能

脂肪是保持健康体魄的必需物质，是人体的"燃料库"。脂肪具有非常重要的营养功能，主要表现为：第一，脂肪是组成人体细胞的重要成分，有助于脂溶性维生素 A、维生素 D、维生素 E 的吸收，使人体正常的生理功能得到有效的维持；第二，能够起到隔热保温的作用，减少体热的散失；第三，能够使脏器得到有效的保护；第四，能够有效维持人的饱腹感。

2. 羽毛球运动中脂肪的消耗与补充

（1）脂肪的消耗

脂肪是热能的一个重要来源，在羽毛球运动中，需要进行适量的脂肪补充，这样能够有效缓解机体内的糖类无法满足运动对能量的需要的情况。因此，在进行羽毛球运动时，应相应地加大脂肪的摄入量，尤其在冬天进行羽毛球运动时，更是如此。

（2）脂肪的补充

如果氧充足，对于长时间运动的人来说，脂肪是主要的能源。一般来说，运动强度小于最大耗氧量的 55% 时，脂肪酸才能氧化供能。由于羽毛球运动有着较大的强度，如果进行长时间的运动或者比赛的话，就会对脂肪的供能有一定的依赖性。除此之外，长时间的羽毛球运动，在脂肪组织中的脂肪酸游离出来参与供能，在运动造成的机体热量负平衡等方面，能起到非常积极的推动作用。

（四）维生素

1. 维生素的营养功能

维生素也称维他命，是一类维持机体健康的必需营养素，维生素由碳、氢、氧等元素组成。当前，维生素的种类大致有 14 种，主要分为两大类，一类是水溶性维生素；一类是脂溶性维生素。每种维生素都有各自不同的特殊功能，缺一不可。人体所需主要维生素的来源和功能如表 3-3 所示。

表3-3 人体所需主要维生素的来源和功能

维生素	营养功能
A	维持眼底视网膜的正常功能 预防眼干燥症 促进钙化作用 维持表皮黏膜细胞的功能
B	促进发育 防治脚气病 促进食欲 促进细胞中的氧化还原作用 维持皮肤、神经系统和细胞的正常功能
C	预防及治疗维生素C缺乏病 维持牙龈、皮肤和血管的正常功能 增强免疫系统能力 促进荷尔蒙分泌及伤口愈合 促进体内的氧化作用
D	增进钙化 维护骨骼和牙齿的正常机能 增强免疫力
E	预防心血管疾病有显著效果 维持血红蛋白及循环系统的正常功能，具有抗氧化作用，延缓老化

2. 羽毛球运动中维生素的消耗与补充

（1）维生素的消耗

由于羽毛球运动是较为剧烈的，这就会提前消耗大量的维生素，再加上运动者对维生素缺乏的耐受力比正常人差，因此，在进行羽毛球运动时，要有针对性地进行适当的维生素补充，从而使运动者的耐力素质得到有效的提升。

（2）维生素的补充

维生素缺乏会对羽毛球运动者的耐受力产生不利的影响，进行羽毛球锻炼的运动者对维生素的缺乏情况比一般人的耐受性差。运动负荷、机能状态和营养水平等都会对羽毛球运动者的维生素需求量产生重要的影响，因此，这就要求以这些为依据对羽毛球运动者进行适当的维生素补充。

（五）矿物质

1. 矿物质的营养功能

人体内的许多生化过程都要依靠矿物质。矿物质也被称为无机盐，主要包括两大类，即常量元素和微量元素。矿物质是机体组织的重要构成成分，能够保持机体内的酸碱平衡，有利于机体内其他营养物质的合成与利用。人体所需主要矿物质的来源和功能如表 3-4 所示。

表 3-4 人体所需主要矿物质的营养功能

矿物质	营养功能
钙	促进体内钙化 调节其他矿物质的平衡 帮助血液凝固
铁	防止贫血 促进血的运输
锌	维持再生器官的正常发育和前列腺的正常功能 加速伤口和骨折的愈合 保持皮肤健康 与角蛋白——一种存在于头发和指甲的物质的形成有关 支持免疫系统
镁	与能量代谢有关的酶活性所需要的一种重要催化剂 在钙、维生素 C、磷、钠、钾等的代谢上，镁是必需的物质，镁能帮助它们吸收 在神经肌肉的机能正常运作、血糖转化过程中扮演着重要角色
磷	组成细胞核蛋白质 构成软组织 保持酸碱平衡
硒	天然抗氧化剂，维持组织弹性 支持免疫系统，防止癌症
铜	可促进铁的吸收，有助于血红蛋白和血细胞的形成，可保护机体、预防动脉粥样硬化的发生 胶原、某些激素和酶的合成也依赖于铜

2. 羽毛球运动中矿物质的消耗与补充

（1）矿物质的消耗

运动状态下，运动者体内的微量元素与矿物质的代谢都会有些相应的变化。羽毛球运动者体内矿物质的消耗情况为：尿中钾、磷和氯化钠排出量减少，钙的排出量增加。由此可以看出，运动者对运动负荷的适应程度，会对其体内矿物质的变动幅度产生直接的影响。

（2）矿物质的补充

鉴于矿物质的消耗情况，运动者需要有针对性地进行补充。具体来说，就是要求在羽毛球运动之后，多食用含矿物质丰富的植物和水果，从而使机体对各种矿物质的需求得到满足。矿物质有着较多的种类，其中，大部分都是机体必需的营养物质，而且它们之间是相互联系、相互影响的，因此，这就要求补充矿物质时应注意各种元素的平衡性。

（六）水

1. 水的营养功能

水是人体最重要的营养素，是人体重要的组成部分和不可缺少的营养物质。水是人体数量最多的成分，占体重的50%～60%。只有在水的介质中，人体新陈代谢的一切生物化学反应才能够得以进行。

水能够在一定程度上促进体内的一切化学反应，能够转运生命必需的各种物质及排除体内不需要的代谢产物，通过水分蒸发或汗液分泌散发热量达到调节体温的目的，同时，还能够有效润滑关节及胃肠道。泪液能够预防眼睛干涩，唾液对于咽部湿润及吞咽食物较为有利。

2. 羽毛球运动中水的消耗与补充

（1）水的消耗

在羽毛球运动中，出汗消耗的大量水分，能够达到有效平衡热量的目的。在参与羽毛球运动时出汗量受到很多因素的影响，其中，最主要的有气压、温度、气温、热辐射强度、单位时间运动量及饮食中的含盐量等。

（2）水的补充

在羽毛球运动过程中，为了预防失水，可以采取少量多次补充的饮水方法，通常情况下，间隔15～20分钟喝200～300毫升饮料是最为科学的方式。另外，接近血浆渗透压的淡盐水或运动饮料是最好的补液，因此，在进行水分的补充时，最好将水温保持在8℃～14℃。开始运动前10～15分钟要适量饮水。

三、运动教育学基础

（一）羽毛球运动教学与道德教育

道德教育是我国各级学校教育工作的一部分，其不仅对学校办学方向有很大影响，还对学生可持续发展有很大影响。《中共中央关于进一步加强和改进学校德育工作的若干意见》中明确指出：要按照不同学科的特点，促进各类学科与课程同德育的有机结合，各门课程的建设应体现社会主义办学方向和全面发展的办学指导思想。

1. 羽毛球运动教学与道德教育的关系

（1）道德教育的实现要以羽毛球运动教学为主要途径

对于羽毛球运动教学来说，其主要目的在于增强学生体质，促进身心发展，培养德、智、体全面发展的社会主义建设者。因此可以说，道德教育是羽毛球运动教学的一个重要内容。另外，羽毛球运动的教学形式是多种多样的，是通过各种身体练习和活动来进行教学的，而在这一过程中，道德教育渗透在其中的各个方面，这对于理想的教学效果的取得也是非常有利的。

（2）羽毛球运动教学质量的提高与道德教育联系紧密

羽毛球运动教学是道德教育的有效途径，同时，道德教育是提高羽毛球运动教学质量的重要途径。

2. 道德教育对羽毛球运动教学的影响

（1）道德教育对学生均衡发展有直接性作用

道德教育的理论与实践相结合的教学方式，能够有效地将学生身心活动、理论与实践、思维与动作统一起来，进而达到强化理想信念教育，使学生的知、学、行的统一性得到进一步增强和深化的目的。这对于使学生的羽毛球运动能力和思想意识等有机统一起来，培养全面的优秀人才是非常有帮助的。

（2）适度提升对学生综合素质的要求

适度提高学生的综合素质是高校教育工作的实际需求。学生时期是一个学习系统道德知识、树立理性道德观念、拓展道德实践空间的关键时期，在羽毛球运动教学中渗透道德教育，能够将我国优良的品德传授给学生，使学生对他人、对社会都能做出一定的贡献。

（二）羽毛球运动教学与多元智能教学理论

1. 多元智能教学理论概述

多元智能理论是由美国哈佛大学心理学教授霍华德·加德纳博士于1983年提出的。具体来说，多元智能主要包括语言智能、身体运动智能、空间智能、逻辑—数学智能、人际智能、音乐智能、自我认识智能等。

2. 多元智能理论教学与传统教学的比较

传统智能理论观念下的一元化教育，过分强调语言和逻辑数学智能，忽视学生的运动、音乐、人际关系、自我认识等多种智能的培养，其智能优势难以充分展现。这不仅使学生较少获得学习上的成功体验，而且造成人力资源的浪费。应用多元智能理论指导教学实践，探索新的教学方法，真正做到"主导"与"主体"相结合，在多元智能教学中，课堂教学形式丰富，包括合作学习、主题教学、多媒体教学、课后小组作业等形式。强烈的归属感使得每个学生都乐意参与到展示和评价过程中,有利于学生语言智能、人际智能、空间智能的发展,提高了学生自主探究的能力。

3. 多元智能教学理论对羽毛球运动教学的影响

在羽毛球运动教学中运用多元智能理论,能够将多元智能理论与羽毛球运动教学有机结合起来并寻找最佳结合点,从而更好地为羽毛球运动教学提供新的理论依据和支持。深入分析能够发现,多元智能教学理论对羽毛球运动教学产生的实际影响反映在以下几个层面。

①多元智能教学模式的教学形式、内容、方法、评价等多元化构成因素,均可以全面反映在羽毛球运动教学中。

②在羽毛球运动教学中运用多元智能教学理论,不仅有助于学生熟练、牢固地掌握羽毛球运动的理论知识和实践技能,还有助于学生的语言表达能力与思维能力得到提高。

③在羽毛球运动教学中运用多元智能教学理论,不仅能够有效避免一些矛盾和弊端的产生,还能够使教学模式与智能培养的特点更加相符,这对学生的全面发展会起到积极的促进作用。

第二节 羽毛球运动教学的基本理论

一、羽毛球运动教学的任务与内容

(一)羽毛球课程教学的任务

具体来说,羽毛球教学任务是指开展相关的羽毛球教学活动后预期可以完成的教学任务。完成羽毛球教学任务是开展各项羽毛球教学活动的一个关键目标,具体任务包括以下几项。

1. 促进学生身体发展

羽毛球运动是一项可以全面锻炼身体的运动。凡是参与羽毛球运动的学生可以在练习中使身体获得全面的锻炼,总体来说,通过开展羽毛球教学活动,可以促进学生的身体健康发展,具体包括以下几个方面。

(1)促进学生正常发育

青少年时期,学生处于身体成长发育的关键时期,身体形态的可塑性较大。科学的羽毛球课程教学有助于促进学生的身体形态的正常发育,使学生保持正确的身体姿势,让身体更加强健,塑造出健壮的体格和匀称的体型。

（2）提高学生身体机能

通过科学的羽毛球运动教学、训练活动，促进学生身体机能的全面发展。

①改善神经系统功能。

②促进骨骼发育，加强血液循环。

③改善呼吸系统功能。

④增强心血管系统功能。

⑤提高学生的免疫能力，提高学生适应不同自然环境、社会环境的能力。

（3）提高学生的身体素质

除竞技体育外，其余领域的羽毛球教学的一个重要任务就是增强学生的身体素质。包括羽毛球教学在内的多种体育教学均要求学生具备最基本的运动技能，如跑、跳等。羽毛球教学作为体育教学的一种具体形式，不仅能够促进学生身体的正常发育，而且还能促进学生的身心发展。

2. 促进学生心理发展

（1）改善心态

系统的羽毛球课程教学对陶冶学生良好情操具有重要的作用，这也是羽毛球课程教学的主要任务之一，即通过参与运动，愉悦身心，改变学生的心态，使其积极面对学习、生活。

（2）调节不良心理

运动具有调节心理的重要作用。羽毛球运动能给学生带来各种丰富的运动情绪体验，如不断克服困难坚持锻炼、胜利后的喜悦、失败后的沮丧、与同伴相处中的各种心理感受等。这些丰富的体验，有助于学生学会自我调节。

（3）完善学生人格

运动对于塑造个体完美人格具有重要作用。羽毛球课程教学中，各项羽毛球教学活动的开展需要学生的积极参与，在参与活动的过程中会产生各种问题，这些问题的解决有助于学生人格特征的培养与完善；此外，在丰富的体育活动中，各种情感体验也有助于学生情感的丰富和人格的发展，有助于学生正确处理个人利益与集体利益的关系，学会竞争、学会合作、学会做人。

3. 传播羽毛球运动知识

在羽毛球课程教学中，教师应通过理论课程教学的开展，积极传播羽毛球运动理论和文化知识，并促进学生全面掌握。这是羽毛球运动教学的重要任务之一。

羽毛球运动知识内容涵盖广泛，包括理论知识和技能知识，从教与学的角度来说，可以将羽毛球技能知识形容成一种"身体的知识"。羽毛球课程教学不仅要丰富学生的羽毛球理论知识内容体系，还要通过提高学生身体素质，丰富和强化学生的"身体的知识"。

4. 传承羽毛球运动文化

任何一个体育项目的发展都伴随着一定的文化发展，体育是一种特殊的文化形态，各个体育运动项目的发展也是具体的运动文化的发展史。

体育教学不仅是技能的教学，也是文化的教育传承。在羽毛球课程教学中，教师不仅要将具体的羽毛球运动技能传授给学生，还要将羽毛球运动中的文化内容传授给学生。

在羽毛球课程教学中，教师科学安排不同单次体育课内容并梳理它们之间的逻辑教学关系，同时把体育课中传授给学生的各种小的运动技能累加起来，学生学到的是某个运动项目的完整技能，继续累加，就学到了各种运动技能。这是自我技能本领的传承。

此外，在羽毛球教学中，教师对羽毛球运动文化的传授或者说学生对羽毛球文化的传承具有阶段性。包括羽毛球运动在内的体育教学贯穿整个教育阶段，从小学一直到大学，各个阶段的羽毛球运动教学中，教师对羽毛球文化的传授重点、内容是不一样的，这与学生的认知基础、知识积累、社会经验等具有十分密切的关系，各阶段的羽毛球运动文化内容应符合学生的认知范围，同时，要做到各个阶段羽毛球运动文化传承的持续，以促进学生在各个阶段对羽毛球运动文化的掌握与传承。这是长期运动文化和技能的传承。

5. 发展学生羽毛球运动技能

运动技能的学习是羽毛球课程教学的重要任务和内容。在羽毛球课程教学中，羽毛球技能教学在总的羽毛球教学课时中占据较大比例，发展学生的羽毛球运动技能对于教师、学生来说都是一项重要的任务。

学生的羽毛球运动技能的持续、不断发展，能为日后终身参与羽毛球运动奠定良好的技能基础，促使学生长期坚持羽毛球运动训练，并终身受益。羽毛球课程教学，可以提高学生各项体育运动技能，促进学生运动能力的发展，同时，持续训练能使学生成为优秀的羽毛球专业运动员。

6. 提高学生体育思想和道德

体育具有良好的德育功能，在羽毛球运动教学中，教师应深入挖掘羽毛球运动教学的德育功能，促进学生的体育思想和体育道德的发展与提高。

在羽毛球课程教学过程中，通过组织学生参与各种形式的羽毛球运动训练、比赛、游戏，在活动过程中，丰富学生体育活动的情感体验，让学生充分感受体育规则、体育精神、体育道德等对运动参与者的思想、行为的约束，使学生在参与羽毛球各项活动的过程中学会克服困难、积极拼搏、遵守规则、尊重他人、倡导民主与公平，并培养他们良好的体育道德和社会道德。此外，羽毛球运动属于竞技体育运动，通过羽毛球运动教学能增强学生的爱国意识；培养良好的个人品格，努力奋斗、开拓进取；增强自身的约束能力，构建良好的人际关系；培养学生尊师重道、文明守礼的品行。

（二）羽毛球课程教学的内容

1. 学科基础知识

羽毛球课程教学的学科知识内容主要包括两大方面内容。
①羽毛球专项运动知识理论、文化知识内容。
②体育的一般理论内容，与羽毛球运动相关的其他学科的理论知识内容。

2. 健康保健内容

羽毛球运动教学的开展离不开相关健康保健内容的学习，体育健康保健基本原理与知识是学校进行体育课程教学的基本教学内容，也是羽毛球运动技能的理论指导内容。

羽毛球课程教学中，通过对体育基础原理知识的学习，有助于加深学生对羽毛球活动过程中各种健康保健知识的认知，能使学生在参与羽毛球运动过程中充分把握好运动时间、运动强度，在保证身体健康的同时，促进自身羽毛球运动体能与技能的发展，从而使学生能坚持长期参与羽毛球运动。

3. 羽毛球运动技能

羽毛球运动技能教学是羽毛球课程教学的基本内容，是当前羽毛球课程教学的重点，通过羽毛球技术、战术的教学和实践练习，来提高学生的羽毛球运动技能，发展学生的羽毛球运动能力，并提高学生的技术表现能力和水平，提高学生灵活运用各种技术、技巧、战术的实践能力。

4. 羽毛球竞赛知识

羽毛球竞赛知识是学生在羽毛球运动课程教学中需要深入学习和全面掌握的一部分教学内容。羽毛球竞赛知识具体包括羽毛球竞赛规则、羽毛球竞赛的裁判法、羽毛球竞赛赏析等。

5. 体育道德与礼仪

（1）体育道德教育

体育道德是指在体育文化中形成的稳定的道德观念、行为规范的总称，可用于调整体育活动内部人与人、人与社会的各种关系。体育道德的基本内容包括以下几个方面。

①公平。"公平竞争"是体育比赛中运动者"平等"权利最直接、最实际的体现。在体育比赛中，运动者没有政治、经济、文化、种族差异，比赛的起点是平等的。

②诚信。在羽毛球课程教学中，教师要为学生做好诚信的表率，要表里如一、言行一致，公平对待和爱护每一名学生。

③礼貌。包括羽毛球课程教学在内的体育课程教学在培养学生文明礼貌方面具有自身的优势和特点。

④善学。即掌握有效的学习方法和策略，具有自我调控学习过程的能力，使学生"会学""学会"。

（2）体育礼仪教育

体育礼仪是体育文明的主要表现形式之一，关注体育礼仪有助于提高国民素质。体育礼仪能使人（运动者、裁判员、教练员、观众和其他工作人员等）在激烈、紧张、残酷的竞争中感受到人文关怀，融洽人际关系。

羽毛球运动中的礼仪涉及诸多方面，具体包括以下三方面的内容。

①特定场合的体育仪式，如开幕仪式、颁奖仪式、闭幕仪式等。

②运动者在体育活动中应具有的仪容仪表、行为举止、服饰、语言及礼貌礼节上的礼仪规范。

③能形象体现羽毛球活动的价值取向、文化内涵的各类体育知识内容。

二、羽毛球运动教学文件的制定

羽毛球教学文件是羽毛球教学的依据，制定教学文件是教学工作的重要环节。羽毛球教学文件主要包括羽毛球课程教学大纲、羽毛球课程教学进度（包括羽毛球理论课程和技术课程教学进度）和教案（包括理论课教案和技术课教案）三种。

（一）教学大纲

教学大纲是教师进行教学的主要依据，也是编写各类羽毛球教材的依据。它规定了羽毛球课程的基本内容和要求，羽毛球课程教学任务、课程教学时数和要求，是结合学校教学的实际情况制定的，是教师进行羽毛球教学工作的主要依据。羽毛球课程教学大纲的内容一般分为以下几方面。

1. 前言

前言是教学大纲的开头部分。在这一部分里简明扼要地对本课程的作用和地位、制定大纲的依据、教学指导思想、采用的教法、基本理论与基本技术和战术的要求加以说明，是对羽毛球课程教学大纲总体规划进行的说明。

在前言中，首先要指出制定羽毛球教学大纲的理论依据，明确羽毛球课程教学的培养目标。羽毛球教学大纲同样是各级各类羽毛球教授者设计和计划教学活动的纲领性文件，教师在羽毛球运动教学的各个环节都应当认真贯彻与落实教学大纲中的指导思想以及教学任务。

2. 教学时数

羽毛球教学要根据大纲的要求合理地分配教学时数。校园羽毛球教学时数的分配既要符合教学计划中所规定的羽毛球教学的总时数，又要将总时数合理地分配在理论课与技术课两大部分之中。教师安排教学内容以及课时时数的注意事项如下。

①在分配理论课与技术课的课时时，教师要根据不同教学目标以及不同的教学对象对教学的不同要求来确定恰当的比例。一般情况下，在羽毛球运动的每个阶段，都应安排理论课和技术课的学习，但难度要随着学习的深入而层层递进。

②在安排理论课时，应重视理论知识本身的顺序性和系统性。要注意将羽毛球运动的基本理论知识和各种技术、战术的理论部分统筹安排；技术课的安排除了要考虑到系统性和整体性外，还应考虑到不同技术之间的迁移作用，尽量避免运动技能的消极性迁移，避免形成错误的动作定型。另外，还要考虑不同的技术教学对场地器材、气候以及其他具体情况的要求，也要考虑教师的实际情况。

③在对技术课课时进行分配时，不一定每个技术动作都安排相同的课时，但要根据教学的具体情况、场地设施的条件和学生的掌握情况来灵活改变，可以根据技术的重要程度而有所不同。除此之外，教师要把学生学习一项技术动作的时间跨度控制在合理范围内，但一项技术动作的迁移以及变异能够贯穿技术学习的各个环节。

④不同年龄阶段和不同性别的学生可以安排不同的教学内容，练习时也要考虑不同学生所能承受的不同负荷，但课时总数应尽量保持一致。

⑤教学完成后，学校要明确规定每学期考试、考查的项目，并规定考试和考查的课时数。

3. 教学内容

（1）理论部分

列出在教学过程中所要学习的羽毛球理论细目，要求教师在不脱离基本内容的基础上，在教学的过程中应多引进国外最新科研成果的新进展和新成就，使理论课内容更具有广度和深度，强化学生的求知意识和求新意识，指出其发展的方向。

（2）技术部分

首先要明确各种技术的教学目的，包括每种技术动作的特点和作用，以及未来的发展趋势，国内外不同的技术观点，技术动作与场地器材规格的关系，比赛规则、裁判方法对技术动作的制约，教学步骤和教学方法对技术动作学习的影响，产生错误动作的原因和纠正错误动作的方法及安全措施等。学校体育教学大纲中规定的羽毛球教材内容还应介绍学生学习的基本特征、教法重点、组织教学以及注意事项等。

4. 成绩考核

考核包括规定考试的内容、方法、标准、评分方法要求等。同时，针对动作技能，要制定专门的技能标准进行专门的技能考核。在学校羽毛球教学课程中，成绩考核要根据教育计划规定的各学期考试、考查要求进行，教学大纲中要明确规定考核的内容、方法，技术项目考核的技术评定的规格要求、技术达标的评分标准。在进行考核时，对于学生的学习态度、课外作业等情况，也要有相应的评分标准。考核内容要包括理论知识、运动技能、平时表现和完成课外作业等方面，合理分配每项考核内容所占的评分比例。技术评定既要注意科学性，又要注意可操作性；要采取多种评价方法相结合的方式对学生进行评价；技评的指标不宜过多、过细，尽量采取量化的指标。

（二）教学进度

教学进度是将教学大纲规定的课程内容和教学时数落实到每一节课的教学文件中，教师一般都会依据教学进度来书写教案，科学合理地安排教学进度是提高教学质量的一个重要途径，安排教学进度并不是将教学内容简单地罗列，而是要在保证羽毛球理论知识和竞技战术系统、完整学习的前提下，同时突出教学重点和教学难点，这就需要教师对所教授的内容进行认真分析、科学排列。制定教学进度的方法有阶段螺旋式和循序渐进式两种。

1. 阶段螺旋式

阶段螺旋式的进度是指把教学过程划分成存在密切联系的四个阶段，四个阶段大体上都包含基本技术、串联配合、全队战术、比赛等教学内容和过程。四个阶段不仅要具备独立性特征，同时应当为下个阶段奠定基础，将重要内容的教学凸显出来，进而确保学生在拥有特定知识与技、战术水平的前提下循序渐进地掌握新的教学内容。四个阶段因为教学的目标和任务不同，教学时数分配比重也应有所侧重。一般第一阶段为35%，第二阶段为30%，第三阶段为20%，第四阶段为15%。在选择以螺旋式的形式安排羽毛球教学进度时应注意：要由多到少地安排羽毛球技术教学内容，首先进行重点技术内容的教学；而安排羽毛球战术教学内容时要由少到多，但是重点战术内容的教学也要优先进行；在选择教授技、战术的教学方法时，必须要符合运动技能的形成原理，可以考虑在教学的第一阶段采用比赛法进行教学，安排简单的比赛，为学生增加实战机会，这样有利于技、战术能力的培养。

2.循序渐进式

循序渐进式教学进度是指将教材内容按照主次顺序和难易程度科学地分配于全教学过程。在教学的最初阶段，首先进行重点技术的教学，并且将这一内容的教学一直持续到教学的最后阶段，在这个过程中以重点技术为基础逐步扩展教学内容，同时在过程中穿插有关战术的教学内容。重点技术和战术是整个教学活动的主线，理论知识的教学则根据其对重点技、战术学习的影响而安排。在教学过程中，在用这种方法安排羽毛球教学进度时，要将新授内容与复习内容相结合，将技术内容教学与战术内容教学相结合，将攻击技、战术与防守技、战术相结合，将提高技、战术水平与培养各种能力相结合。教师可以在教学课程中安排比赛，也可以在正常课时教学之外安排专门的比赛，并通过比赛尽可能地培养学生在实际比赛中灵活运用技术和战术的能力，提高技、战术水平和培养战术意识。最后进行综合复习考试，构成一个系统的教学过程。羽毛球教师选用循序渐进式方法安排教学进度的注意事项如下。

①将重点内容的教学安排在教学过程的最初阶段，这样可以让学生有充足的时间了解、学习和掌握重点技术，也为随后学习战术打下基础。

②将基本理论知识、基本技术和基本战术的教学有机结合起来，并增强各项内容的联系。

③由重点内容的学习带动一般内容的学习，通过基本理论知识的教学来指导技术、战术方面的教学。

④准确把握每个课时的重点与难点，每次课程都应当制定清晰的教学内容，从而为教师备课提供便利。教学进度，根据教学任务的需要，适当安排理论课、技术和战术综合课、考核课和能力培养等。课的不同类型可在备注中提示说明。

（三）教案

教案是根据教学进度中所规定的具体教学内容和教学的实际情况而编写的每个课时的具体计划。它包括课程的目标任务和具体要求、教学内容的安排、教学步骤、练习方法与组织、课程的各部分内容以及教学内容的重点和难点等；在技术课的教案中还包括每一项练习的次数和组数、时间的分配、预计达到的运动负荷和各项组织教法等。

1. 理论课教案

理论课教案是教师按照教学大纲的具体要求来撰写的。教师在理论课教案中除了要体现教学大纲所规定的基本理论知识，还应增添与之相关的国内外的最新研究成果的新知识以及发展的新方向、新动态、新趋势等内容，也可在教学过程中穿插不同的学术观点和教师自己的观点。理论课教案需要达到的要求是结构分明、文字简单明了、运用生动案例阐析教学观点。

2. 技术课教案

技术课教案是根据该运动项目技术教学进度编写的。技术课的任务应包括对学生学习态度、认知情感、技能技术等方面的培养。各项任务要切合不同学生的实际情况，既具体又恰当。羽毛球技术课教案一般分为准备、基本和结束三个部分。

（1）准备部分

准备部分占用总课程 15%～25% 的时间。主要任务是首先将学生组织起来并告知本节课所要学习的内容，使学生在目标明确的情况下进入学习情境，并安排一些专门的练习将学生的注意力集中到羽毛球运动上，调动他们神经系统的兴奋性并使身体的各系统机能进入运动状态，克服生理惰性，从身体和心理上准备好进入基本部分的练习。羽毛球课的准备活动形式很多，但是无论教师采取哪种方法或手段都要遵循负荷量由小到大逐渐递增的原则。准备活动的练习要与基本部分的主要内容相联系。准备活动中也可以包括发展学生羽毛球专项体能的练习。

（2）基本部分

基本部分占用总课程 50%～75% 的时间。主要内容是首先明确本节课程的教学重点和教学难点，在教学过程中进行重点教学。在羽毛球技术课中，在安排这一部分的教学内容时应注意技术动作之间的联系，在这一部分的前半部分，安排学习新的技术动作，后半部分则将新动作与已经学习过的技术动作结合起来进行练习。要尽可能地增加练习的强度，多为学生提供练习的机会，要重视课程的组织过程和步骤并选择适合学生特点的练习方法。选择并运用合理的组织教法还是羽毛球运动教学备课必须要达到的一项要求，在羽毛球教学实践中应当有目的、有意识地提高学生各个方面的能力。

（3）结束部分

结束部分占用总课程 10%～15% 的时间。这一结束部分的过程应该是有组织的而不是随意的，安排的练习应使学生主要的肌群得到很好的放松，同时也使学生从练习中的紧张中放松下来；必要时对学生本节课的纪律、学习质量和教学任务完成情况进行点评；布置课后的练习任务和下节课要进行的准备工作。

三、羽毛球运动教学创新

（一）羽毛球运动教学方法的创新

1. 羽毛球教学方法创新的途径

在羽毛球教学实践过程中，进行教学方法的创新应考虑多方面的因素。只有对各方面的因素进行综合分析和运用，才能选择最佳的教学方法组合，使得教学效果最优化，一般而言，应注意以下几方面的问题。

（1）参考教学环境

教学环境对教学方法的选择具有重要的影响。教学环境包括场地器材、班级人数、课时数等，同时，外界的社会文化环境也对教学环境有重要的影响。教学环境必然会对教学方法产生制约作用。例如，一些直观教学方法需要借助一定的教学器材才能实现相应的教学目标，而羽毛球运动教学资源的状况决定了教师能够采取的教学方法。作为一名羽毛球教师，应当把教学环境的作用发挥到最大，选择并应用最适宜的教学手段，此外要将已经具备的场地条件和器材条件的作用发挥到最大。

（2）参考教师自身的条件

教师是各种教学方法的实施者，其自身的素质对于教学活动的效果具有重要的影响。教师如果能力和素质有限，则其将不能发挥相应的教学方法的作用，从而对教学活动产生消极的影响。因此，教师在选择相应的教学活动时，应对自身的专业素养、能力水平以及教法特点有着客观的理解。

一般而言，教师所熟练掌握的教学方法越多，越能够根据自身以及学生的实际情况选出最佳的教学方法。面对同样的教学方法和学生实际状况，不同的教师会得到不同的教学效果，可见教师自身条件对教学活动的重要性。因此，教师应加强对自身教学风格的认知，并通过积极的学习提高自身的素质，尝试和掌握更多的教学方法。

（3）参照学生的具体状况

在羽毛球运动教学过程中，教学方法的实施对象是学生，采用多种教学方法的最终目的是促使学生更好的学习。因此，在选择相应的羽毛球运动教学方法时，应与学生特点和实际情况相符合。学生的实际情况为多方面的内容，包括学生的年龄特点、性别特征、身心发育状况以及相应的知识储备和学习能力等。对于处在各个年龄阶段的学生来说，学生的身心发展往往也会呈现出阶段性特点，同时学生的性别差异也会使学生在体育方面的状态有所不同，所以羽毛球教师应当采取最适宜的教学手段来激发学生参与羽毛球教学的积极性和主动性，学生的经验和知识储备及其相应的学习能力也是教师选择不同教学方法的重要依据。对于知识储备量较为丰富，已经掌握了基础知识技能，并且学习能力较强的学生，在学习新的技能时能够更快、更好地掌握。此时，教师可采用相应的方法促进学生的技能向更高的水平发展。

（4）分析并参照羽毛球运动教学的目标

羽毛球运动教学的目标具有多层次性，它可分为身体发展目标、技能发展目标、知识发展目标、社会发展目标和情感发展目标等。为了实现不同的教学目标，教师应采用不同的教学方法。在羽毛球运动教学中教学目标并不是孤立的，它是多种目标的综合，而每一单元、每一堂课目标的侧重点是不同的。因此，在教学过程中，教师应根据具体的课堂教学目标选择重点发展某一方面的教学方法。课时教学目标是羽毛球运动教学总目标的具体化，这一目标具有很强的指导性。它既有相应的运动技能和运动理论方面的知识，也有心理和品质品格方面的内容，针对这些不同的教学目标，应选择与之相匹配的教学方法。

（5）分析并参照羽毛球运动教材内容的特征

羽毛球运动教学的内容与教学方法之间具有密切的关系，如对一些技术动作教学内容应采用主观的示范操作的方法，而对不同的教学内容，应采取相应的教学方法。每种教学方法为实现一定的目标而运用在某一教材内容时，其效果也会表现出一定的差异性。因此，在羽毛球运动教学过程中，教师应注重教学方法的灵活性。

2. 羽毛球运动教学方法的优化组合

（1）羽毛球运动教学方法优化组合的原则

①启发性原则。不管何种形式的羽毛球运动教学方法，都应该能够更好地调动学生的积极性和自觉性，促进学生进行思维、探索，促进学生素质的全面提高。在羽毛球运动教学活动中，注重学生兴趣和动机的培养，提高其自主思维和学习的意识。

②统一性原则。统一性原则要求教师在选择相应的教学方法时，应注重"教"与"学"的统一，使得两者之间密切结合、相互促进。如果只强调其中的一方面，则教学活动并不会取得良好的效果。另外，统一性原则还要求，在羽毛球运动教学过程中，应将教学方法的多种功能充分发挥出来，促进学生的全面发展。

③最优性原则。不同的教学方法其特点、功能和应用范围都会有相应的差异性，各教学方法都有其优缺点。因此，在对教学方法进行组合运用时，会形成不同体系的综合教学方法，每一套教学方法也有其鲜明的特点。教师在进行教学方法的优化组合时，应根据实际情况，选择一套最符合实际情况的教学方法，在进行教学方法选择时，教师应从整体入手，将各种教学方法进行有机结合，充分发挥教学方法体系的整体功能。

④创造性和灵活性原则。在进行羽毛球运动教学方法创新时，应注重发挥教师和学生的创造性，应对教学方法进行积极的改进和创新，使其更加适用于自身的教学实践活动。只有这样，才能够使得教学方法最优化，从而取得较好的教学效果。教师要对教学方法进行不断的发展和创新，如此，才能与教学水平的发展相适应。教学活动属于动态过程之一，教师在课前设计的教学方法难免会遇到各种各样的问题，所以教师应当灵活应变，联系教学的实际状况来灵活、科学地应用与之对应的教学方法。

（2）羽毛球运动教学方法优化组合的程序

①将羽毛球运动教学的任务进一步明确。教学任务和教学目标是选择不同教学方法的重要依据。因此，应将一节课的具体教学任务进行分析和细化，制定出相应的详细任务规划。

②根据实际情况将总体设想提出来。通过对教学任务、教学内容、学生的具体情况以及教学的外部情况等进行分析，对相应的教学方法进行评估和分析。在提出相应的总体设想时，应充分考虑教学方法的可行性和适用性。

③优化组合多种羽毛球运动教学方法。制定羽毛球运动教学方法的具体方式和细节表，对各种羽毛球运动教学方法进行分析，并对其不完善的地方进行相应的补充。在此基础上，将优化组合后的教学方法应用于具体教学实践的过程中。

④实施教学方法，并对其进行评价。在羽毛球运动教学过程中，应对教学方法产生的效果进行跟踪了解，可通过学生反馈的形式了解具体情况，进而做出相应的调整。参与羽毛球运动教学的教师，应当坚持不懈地总结和归纳相关的经验与教训，不断增加对教学方法的优化力度。

（二）羽毛球运动教学模式的创新

1. 羽毛球运动教学模式创新的依据

（1）参考羽毛球教材性质

羽毛球运动教学以教材为基本工具，教师教学、学生学习都要借助教材这一基本教学工具。羽毛球教材也是教师与学生共同完成羽毛球教学目标的内容载体。通常把羽毛球教材分为概括性教材与分析性教材两大类，这主要是以羽毛球教材内容的性质为依据划分的，具体分析如下。

①概括性教材。这类教材中没有较难的运动技术需要学生掌握，对概括性教材进行讲解的主要目的是使学生对羽毛球项目有简单的了解、培养学生学习的兴趣、促进学生的身心健康。学生在学习该类教材时要注重体验，获取快乐，所以要选择运用快乐式教学模式、情境式教学模式以及成功式教学模式进行教学。

②分析性教材。这类教材中的运动技术有一定难度，教师讲解这类教材应当把主要目标定位成提高学生的自主学习水平以及创新水平，为学生羽毛球理论知识的丰富、羽毛球运动技能的提高注入推动力，着重培养学生的学习能力与创造能力，为此建议教师选用主动性教学模式、发现式教学模式以及领会式教学模式等进行教学。

（2）参考羽毛球教学目标

羽毛球运动教学模式构建与运用的关键是教学目标，羽毛球运动教学模式需要教学思想与目标为其提供活力、指明方向。羽毛球运动教学思想与目标也是区分教学模式的一个标准。羽毛球运动教学目标在新课程改革之后有所变化，主要涵盖了四个方面：提高学生参与运动的积极性的目标；促进学生身心健康的目标；促进学生正确掌握羽毛球运动技能的目标；提高学生社会适应能力的目标。上述羽毛球教学目标要求教师采用情境教学模式、探究教学模式以及成功式教学模式等进行教学。

（3）参考羽毛球运动教学对象

羽毛球运动教学活动离不开学生这一教学主体，在羽毛球运动教学活动中，学生也是其中非常重要的一个组成部分，所以要针对不同学生的具体情况与特点来运用教学模式。不同学习时期，学生的身体与心理状况是有明显不同的，所以羽毛球运动教学模式的运用要考虑到学生不同时期的具体情况。

（4）参考羽毛球运动教学条件

羽毛球运动教学模式不同，其相应的教学条件也会有差异，不同地区或学校的教学条件具有明显的差异性。羽毛球教师应当遵循实事求是的原则，选择并应用最适宜的羽毛球教学模式，从而顺利实现教学目标与教学任务。对于教学水平和教学条件都存在局限性的学校来说，不建议采用要求外部教学条件十分良好的小群体教学模式。

2. 创新羽毛球运动教学模式的构建

（1）构建原则

①坚持教学目标、内容、形式、结构与功能的统一原则。从本质上讲，创新羽毛球运动教学模式的构建是处理好羽毛球运动教学活动中形式与内容、结构与功能的关键问题。所以羽毛球教师应该对各类羽毛球教学课堂结构和形式的功能与作用进行全面分析，并以教学目标和条件为根据对创新羽毛球运动教学模式做出比较合理的选择。

②坚持统一性与多样性的统一原则。一方面，创新羽毛球运动教学模式构建的统一性是指在构建和创造新的羽毛球运动教学模式时，要继承新中国成立以来我国体育教学思想和借鉴成功经验；另一方面，新型羽毛球运动教学模式构建的多样性是指在开发和构建羽毛球运动教学模式时应尽量实现多样化，避免单一化与程式化。

③坚持借鉴与创新的统一原则。创新羽毛球运动教学模式，需要坚持借鉴与创新的统一性。具体来说，这里提及的借鉴包含两方面内容，即不仅要借鉴国外的先进教学模式理论，还要借鉴国内的先进教学模式理论与成功教学经验。

随着经济全球化趋势的加强，羽毛球运动教学模式也必然要受到影响，不对国外先进教学模式理论加以借鉴或借鉴之后缺乏创新都是故步自封的落后表现。因此要有机结合创新与借鉴，这样才能运用成功的经验，吸取失败的教训，不走或少走弯路。具体来说，统一借鉴与创新，就是要以正确的教学思想为指导，革新原有的落后的羽毛球运动教学模式，借鉴前人和他人的成功经验和理论，结合教学中的客观实际，提高羽毛球运动教学的效率。

（2）构建步骤

①明确指导思想。选择什么教学思想作为构建模式的依据，使教学模式更突出主题思想，并具有理论基础。

②确定构建模式的目的。在明确指导思想的基础上，确定构建羽毛球运动教学模式所达到的目的。

③寻找典型经验。在完成第一步的基础上，通过调查研究，寻找恰当的典型经验或原型作为教学案例，案例要符合模式构建思想与目的。

④抓住基本特征。分析教学案例，对教学案例的基本特征与教学的基本过程进行概括。

⑤确定关键词语。确定表述这一羽毛球运动教学模式的关键词。

⑥简要定性表述。对这一羽毛球运动教学模式进行简要的定性表述。

⑦对照模式实施。对照具体实践教学，进行实践检验。

⑧总结评价反馈。在对羽毛球运动教学实施实践验证的基础上，总结和归纳实践检验的结果，在初步实践的前提下进一步优化和完善修正模式，在坚持不懈的实践活动中继续完善和优化。

3. 两种创新羽毛球运动教学模式的构建与运用

（1）启发式教学模式的构建与运用

"启发式教学模式指的是在羽毛球教学活动中，教师以羽毛球教学目标、教学规律以及学生的认知水平和年龄特点为主要依据，通过采取各种教学手段来引导学生独立思考、积极主动地获取知识、解决学习问题的过程。"解决教学中出现的问题、提高羽毛球运动教学的质量以及提高学生羽毛球学习积极性是羽毛球教学模式的实质。

①构建启发式教学模式的着力点。第一，科学创设问题情境。教师在对问题情境进行创设时，要以羽毛球教材的重点和学生的客观实际为依据。在创设问题情境的过程中，教师不仅要解决学生在学习中出现的问题，还要采取一定的方法与措施来引起学生的好奇心，使其主动提出疑惑，并积极思考解决疑惑，这样有利于充分调动学生的学习热情，有利于提高学生逻辑思考与客观分析及解决问题的能力。第二，积极选择并应用直观教学方式。教师在对学生进行启发的过程中，要尽量采用直观的教学方法和手段，减少抽象概念的使用。直观手段具体是指多媒体、录像、图片等直观教具的使用，直观教学方法有利于学生学习兴趣的激发与提高，有利于学生以最为简单的方式清晰地掌握学习内容。第三，灵活应用多元化练习方法。教师在引导学生进行练习的过程中，要以教学任务、目的和要求为主要依据并采取一些有助于启发教学的练习方式作为辅助学习的手段。除此之外，教师还可以以教材内容为依据对多样化的练习手段加以运用，以此来提高学生的学习兴趣，同时也能够提高学生的学习效果。

②运用启发式教学模式的注意事项。第一，明确制定羽毛球运动教材的重点与难点。羽毛球教材的重点是学生要掌握的关键内容，教材的难点是学生不容易掌握的内容。教师运用启发式教学模式进行教学时要以教材重点为中心，通过口头叙述、动作示范等各种教学方式来引起学生对教材重点内容的思考。教师也可以针对重点动作做一些生动逼真的模仿，这样学生也能比较容易地掌握教学内容。除此之外，教师也要重视学生的身心特点、认知能力和学习基础。遵循因材施教的教学原则，使每个学生的学习效率都能得到保障。第二，科学构建多元评价体系。评价学生的学习过程或结果主要是为

了总结学生的学习效果，对学生学习羽毛球起到一种督促与激励的作用。合理的评价有利于提高学生学习的积极性和主动性。评价的实施步骤具体为：评价标准的确定—评价情境的创设—评价手段的选用—评价结果的利用。评价讲究合理不要求过于死板地对标准答案有严格的限制，根据具体情况保留一定的评价空间。教师在对学生的学习技能做出评价的同时，也要引导学生进行自我评价或学生之间的互相评价。

（2）合作式教学模式的构建与运用

在羽毛球运动教学活动中，合作教学模式的运用有利于提高学生合作意识与能力，有利于增强学生交往、实践及协调能力，也有利于学生个性的发展和终身体育意识的形成。

①构建合作教学模式的着力点。

其一，构建程序。首先，要以羽毛球教学大纲规定的教学时间与教学内容为主要依据，对上课时间进行合理的分配与安排。通常，在羽毛球教学活动中，理论知识教学占总教学时间的25%；学生羽毛球能力培养占总教学时间的30%；羽毛球技、战术教学占总教学时间的15%。其次，羽毛球运动课堂教学之前，教师要做好课堂教学计划，即教案，制订教学计划时教师要加强与学生的合作，与学生一起探讨教学方法的选用。

其二，具体实施。第一，明确教学目标。教学过程的第一环节就是要明确并呈现教学目标，这一环节中，教师的口头讲解与动作示范要有机结合学生的观察体验与思考，加强师生之间的沟通与交流。第二，对学生进行集体讲授。对学生进行集体授课时，教师要适当缩短授课时间，提高教学效率，从而留出更多的时间为下一环节（小组合作）做准备，教师要注意提高学生的学习积极性，善于提出一些新颖的问题来集中学生的注意力。第三，加强小组合作学习。学生的学习主体性以及学生之间的沟通与交流是小组合作环节的重点，学生要在小组合作学习中积极发表自己的意见，提高自己的主动性、积极性以及创新性。第四，实施阶段测验。教师在学生学习一个阶段后，对各个学习小组进行阶段测验，从而对学生在这一阶段的学习情况有一个初步了解。第五，积极反馈。在反馈阶段，教师要综合评价学生在这一学习阶段的具体表现。学生在小组合作学习中获取的知识比较零散，系统性很差，所以教师要正确引导学生归纳所学知识，使之成为一个系统的知识体系，便于学生掌握与记忆。小组测试也是反馈的一个重要手段，通过测试反映出学生学习的不足，从而有针对性地对其进行纠正与完善。

②运用合作式教学模式的注意事项。第一，不断收集并更新教学观念。合作教学模式在羽毛球教学活动中的运用要求对传统的教学观念进行更新，

对学生的重要性进行重新认识，重视学生的主体地位，引导学生充分发挥自身的主观能动性，尊重学生的人格，教师在教学中加强与学生的合作交流，以学生的具体情况为依据进行教学。第二，大力培养学生的主体意识。首先，教师在教学活动中要想法设法来激发学生的思维与学习热情，然后引导学生积极发现与探索新问题、新情况，在引导过程中，注重学生自主意识和独立能力的培养；其次，教师要注重自身的引导作用，通过提问、质疑等手段，引导学生把注意力集中到课堂教学中；最后，教师主导性的发挥要以实现羽毛球运动教学目标为出发点，倘若没有从教学目标出发，则谈不上学生主体性的培养。

（三）羽毛球教学中的课程目标定位

面向相关专业的学生，运用理论与实践教学相结合的方式，使学生全面、系统地掌握羽毛球运动的基本理论、基本技术、基本技能，提高学生羽毛球基本战术的运用能力和专项运动素质；通过教学活动培养学生初步具有组织羽毛球竞赛、担任裁判工作以及胜任群众性基层羽毛球活动的工作能力。

教学的实效性往往由课程目标决定，其实效性的高低取决于教学过程中对教学目标的完成程度。当前体育课程的目标愈发多元化，因此羽毛球的课程目标也应顺应这一趋势，其目标既要对运动参与和掌握运动技能的目标进行强调，同时也不能忽视强调学生在心理和社会适应能力等方面的发展。在羽毛球教学过程中，将这些心理和社会等隐性功能显性化是其突出实效性的一大进步，这能够使羽毛球教学课程从工具理性转而向人本主义发展，从而为羽毛球教学增添了更多的人文特质。但以这些方式增强其时效性的同时也必须清楚地认识到，实际上这些隐性目标要想实现，学生的体质和羽毛球运动技能就必须得到提高，因为它在这一过程中是一个基本的载体，否则在羽毛球教学过程当中这些内容也就无从谈起。

由此可知，羽毛球教学目标不可能兼顾方方面面，一节课中的教学设计往往无法保证全部教学目标都顺利达成。所以说教师设置多项目标中的核心目标存在很大的必要性。

第四章 现代羽毛球运动教学设计创新发展

羽毛球运动一直以来都是我国体育教学的重要内容之一。关于现代羽毛球运动教学自然也就备受关注，现实中难免会有一些影响羽毛球教学的因素出现，因此羽毛球运动教学设计与创新发展势在必行。

第一节 现代羽毛球运动教学设计

一、体育教学设计的概述

（一）体育教学设计的特征

1. 系统性

体育教学设计过程是一个系统的过程。在设计的过程中，根据体育教学内容、学生的情况设定教学目标，并围绕既定的目标设计教学的各个环节，来保证"目标、策略、评价"三者的一致性。整个体育教学设计过程是在不断地往复、补充中完成的。它综合考虑了教师、学生、教学内容、教学媒体、教学评价等相关内容在体育教学中的地位和作用，并促使各个要素相互促进、相互补充，保证体育教学设计的系统性，达到教学效果的最优化。

2. 科学性

体育教学设计也是一门综合性的科学，不仅要注重对理论知识的理解，还要注重体育教学设计的科学性。利用先进的教学设备，在一定的教学规律下，发挥出体育教学设计的优势。尊重学生的个人兴趣，将学生的共性与个性结合在一起，为进行体育教学设计做出一定的贡献。

3. 动态性

体育教学设计过程具有一定的模式，需要遵循既定的程序来进行。但是在实际工作中，有些工作是多余的，并不一定非要按照流程进行。因此，在进行体育教学设计的过程中，我们可以根据实际情况以及不同的要求，具体问题具体分析，灵活地解决，因时因地进行教学设计。

4. 具体性

体育教学设计还具有具体性。具体性就是在具体的教学过程中，根据教学所出现的具体问题进行相应的分析。所以说体育教学设计的每一个环节都有具体性。

5. 创造性

体育教学设计就是一个创造性地解决教学问题的过程。它要求设计者根据教学的各个要素之间的联系，创造性地阐明需要、确定策略，对教学设计的因素进行归纳和简化，这个过程是创造性的和自觉性的。教学设计方案的独特性、新颖性、成效性都来自设计者的创造。

（二）体育教学设计的依据

1. 基础理论

体育教学理论研究包括很多方面，研究成果极其丰富。体育教学设计的全部工作及内容都需要在体育教学理论中选取适当知识，加以综合运用才能保证设计过程的成功。这就要求体育教学设计者必须运用系统的方法，审视教学实践活动中出现的问题，然后具体问题具体分析，以体育教学理论为依据来制定策略和解决实际问题。所以，体育教学的相关理论就是体育教学设计的基础理论。

2. 科学原理

体育教学系统是一个庞大而复杂的系统，由许多的体育教学要素构成，所有要素之间又存在着多种作用方式和密切的联系。这也就决定了，体育教学设计必须运用系统的方法去分析教学系统中各要素间的相关联系和相互作用，使各要素之间能够得到最优化的组合，进而提高课堂教学效率。

3. 实际需求

体育教学设计是建立在体育教学目标优化与实现的基础上的。实现体育教学的目标，为出现在体育教学过程中的相关问题提供解决方案。在体育教学的设计过程中一定要考虑实际情况，对教学内容以及学生的实际情况进行分析。根据实际情况，完成对体育教学的设计工作。

4. 学生特点

学生是体育课程开展的主体,因此体育教学的设计、教学过程的实施、体育教学任务的完成都以学生的学为中心来展开。在进行体育教学设计时,体育教师必须以满足学生的身心发展特点、学习需要、学习兴趣、增强学生体质等为目标,充分考虑并结合这些要求,设计出符合学生需要的,能够促进和激发学生学习积极主动性的体育教学过程。

(三)体育教学设计的原则

1. 准备性原则

准备性原则主要指体育教师在实施教学之前,要对学生基本情况进行了解,对教学方法的运用要熟练地掌握,以及在进行教学前对教学场地、教学媒体的充分准备等。准备的充分与否将直接影响教学的进行,进而影响教学质量。

2. 综合性原则

全面发展的内涵不仅包含学生的身心健康,还包括学生的身体素质,以及对社会的适应能力等综合素质的发展。

3. 适量性原则

体育教学的科学性要求,在教学过程中,教师必须遵循学生生理和心理的发展规律,合理地安排教学内容难易程度和运动负荷。教学内容的安排要使学生既能够达到锻炼身体的目的,又能够掌握所学的技能与方法。

4. 直观性原则

体育教学有自身的教学特点,与其他学科的教学不同。它主要通过身体活动、练习来完成教学任务。因此在教学活动中要体现活动性,要保证每位学生的活动时间与空间,并使它们保持积极的活动状态。而直观教学的特点又要求,体育教师要有示范规范动作的能力,这一示范能使学生产生直观印象,是学生模仿练习的前提保证。在教学设计中应合理巧妙地安排动作示范。

5. 特殊性原则

学生的素质水平存在一定的差异,虽然体育教学的目的是加强学生的身体素质,但是在进行体育教学设计的时候一定要考虑到这一点。设计时要有一定的弹性,理解学生身体素质的含义,关注学生的身体健康以及承受能力。在有限的资源下,实现对学生身体素质的发展。

(四)体育教学设计的过程

1. 分析过程

分析过程主要包括以下几个方面。

①分析体育教学任务。

②分析学生的初始状态,包括他们的学习动机、知识技能水平、运动状态等。

③分析和认识学生在整个教学过程中需要掌握的知识技能以及应该形成的学习态度与行为习惯。

2. 实施过程

实施过程的内容主要包括以下三个方面。

①根据现有的教材以及学校的实际情况,进行教学目标的设定以及教学策略的确定、体育教学内容的确定、体育器材的布置等。

②在进行教学的过程之前,根据学生的实际情况,选择最合适的体育教材,为学生的全面发展提供帮助。

③实施教学活动中,根据学生的真实反映,对教学方式进行及时的调整和总结,为以后的教学活动开展奠定一定的基础。只有通过不断地总结与实践,才能够了解教学设计的合理与否。

二、羽毛球课程教学设计概述

羽毛球作为学校体育课程教学的重要内容,其课程教学设计也应同体育课程教学设计的基本原理和知识相符合,我们就羽毛球课程教学设计进行研究和探讨。

(一)羽毛球课程教学的内涵

根据体育教学设计概念可知,羽毛球课程教学设计的概念就是以羽毛球专业理论以及体育传播理论、学习理论、教学媒体理论等相关理论和技术作为基础的。采用系统方法来对羽毛球课程教学问题进行分析,对羽毛球课程教学的目标进行确定,并对相关问题设计相关的解决策略、试行方案、评价结果以及对方案修改的一系列系统化计划过程。

(二)羽毛球课程教学的特点

1. 规范性

羽毛球课程教学设计是一门学科。其学科基础包括人体生理学、人体解剖学、体育心理学、运动生物化学、体育保健学、体育教学论等体育专业中的众多学科理论。在教学媒体理论、传播理论和评价理论的科学指导下，对教与学的客观规律予以遵循，对学生的兴趣和爱好进行充分考虑，对学生的个性进行培养。构建一个科学、合理的羽毛球课程教学目标、教学方法、教学内容的策略体系。通过对系统方法的科学运用，来更好地分析各羽毛球课程教学要素及其关系。

2. 具体性

羽毛球课程教学设计的目的是更好地将当前羽毛球课程教学过程中存在的问题进行解决，所以羽毛球课程教学设计的任何一步安排都要做到具体问题具体分析。

3. 艺术性

羽毛球课程教学设计也是一门艺术，具有艺术性。体育教师在进行教学设计的时候，还要考虑到羽毛球的自身的特点，以及学校所提供的具体的体育场所与环境等。在设计羽毛球的课程教学方案的过程中，需要注重艺术性的独特性。

三、羽毛球教学目标设计

（一）羽毛球教学目标设计的基本要求

1. 整体把握

整体把握，即注意整体协调与衔接。在羽毛球课程教学中，其教学目标一般都是一学期的目标，因此它具有整体性。在对羽毛球教学目标进行设计的过程中，要注重对不同序列和层次的教学目标进行衔接和协调。对羽毛球目标进行制定时，既要设立各类各层具体的羽毛球教学目标，还要使这些具体的教学目标相互之间具有关联性，以使其能够呈现出层次性、系统性、联系性和递进性等特点。

2. 表述清晰

表述明确具体，避免模糊。羽毛球教学目标的设计是为了解决羽毛球教学要"实现什么"的问题。羽毛球教学目标如果含糊不清，就很容易产生歧义，这对于羽毛球教学内容、教学方法、教学策略和教学评价的实施、选择和制定都会产生各方面的影响，从而限制羽毛球教学目标作用的充分发挥，对整个羽毛球教学效果产生影响。

3. 细化目标

将羽毛球教学目标设计的总体目标进行细化分解，这样实行起来才会更加方便。小目标更容易实现，可以让学生感受到满足感与成功的喜悦。

4. 留有余地

很多因素都能够对羽毛球教学目标形成制约，而且这些影响因素具有变化性。羽毛球教学目标的稳定性是相对的，而羽毛球教学目标的发展、变化是绝对的。在设计羽毛球教学目标时要尽量保持一定的弹性，为以后做出相应的调整和修改留出一定的余地。

（二）羽毛球教学目标设计的原则

1. 系统性原则

众所周知，羽毛球教学目标是由很多的具体目标共同组成的一个完整系统。它是一个层次分明的有机系统。羽毛球教学目标从纵向来看要将不同学段、不同学年、不同单元以及不同内容之间的衔接与联系予以体现；从横向对比，不同学术领域的目标之间要充分配合、彼此补充。只有纵横相结合才会实现羽毛球教学目标。

2. 科学性原则

羽毛球教学目标设计应遵循科学性原则，这主要从以下着五个方面体现出来。

①要将羽毛球运动项目的特点予以体现出来。

②要将各个领域的学习的内涵全面包含其中。

③使各体育教材得以充分结合，并将羽毛球运动教材的重点和难点予以突出。

④教学目标要具体、明确、易于操作。

⑤难度适中，要保证大多数学生通过努力能够达到基本要求。

3. 动态性原则

羽毛球教学目标的设计要留有余地，只有这样才能获得更好的效果。羽毛球教学目标的灵活性主要取决于其复杂性，这使得教师的创造力得以更好地发挥出来。羽毛球教学目标的灵活性，能够使其与学生的个性特点相符合，从而使学生身心获得均衡、全面的发展。

4. 预测性原则

在羽毛球运动教学过程中，学生的身体状况是可以通过体检的方式，用数值显示出来的,教师在上课之前是可以进行估计的,所以说羽毛球运动教学目标要有一定的预测性。

5. 发展性原则

羽毛球运动教学的效果最终要体现在学生身上,因此羽毛球运动教学目标的设计既要着眼于现有的发展水平,又要放眼未来,使学生成为社会的栋梁,从而获得健康的生活,形成终身体育锻炼的意识。

(三)羽毛球教学目标设计的作用

1. 提供方向指引

对于羽毛球教学活动来说,羽毛球教学目标便是其所要最终实现的预期结果。在整个羽毛球教学过程中,它发挥着重要的指导作用。羽毛球教学目标导向功能的充分发挥,可以帮助教师更好地督促学生做正确的事情,做更有意义的事情,将其他的干扰排除掉。

2. 为制定策略提供支持

设计好羽毛球教学目标后,根据总的教学目标,教师选择合适的羽毛球教学方法,制定出合理的羽毛球教学策略,进而更好地开展体育教学活动。羽毛球教学目标有着较强的指导性,根据教学目标,教师可以对相应的教学方法加以合理选择。

3. 进行教学评价

一般羽毛球课程教学结束后,教师要进行相应的形成性评价和考核性评价,并形成最终的终结性评价。

羽毛球教学评价的标准是以教学目标为依据的。根据羽毛球教学目标来对相应的考核标准、考核内容进行确定,并对测试材料进行编制。对具体的某一节课的教学效果进行评价,其基础的标准就是要看是否能够促使羽毛球教学目标的实现。根据羽毛球教学目标的达成情况来对羽毛球教学的质量进行评价。羽毛球教学目标是教学效果得以测量和评价的重要标准。

4. 帮助学生学习

在最开始的羽毛球课上,教师通常会告诉学生本学期羽毛球课所要学习哪些内容以及最终要达到的目标,这就会引起学生的注意,使学生从一开始就能了解学习羽毛球运动的目的是什么,从而更好地激发学生对新内容学习的期待和对羽毛球课的热情。在羽毛球课程教学过程中,目标导向的教学测量和评价也会进一步指导学生如何更好地学习,掌握更好的学习方法与策略,促使学生不断进步,最终完成教学目标。

四、羽毛球教学策略的设计

（一）羽毛球教学策略的内涵

"策略"就其本意来讲，就是指针对大规模实行的行动指挥和计划。一般来说，就是为了实现某种效果所采用的方法。具体来说，羽毛球的教学策略就是针对羽毛球运动而言的。

羽毛球教学策略指对直观的羽毛球教学，及其体现出教学活动的教学形式、组织形式等，以及其他所有因素进行的综合考量。

（二）羽毛球教学策略的要点

1.培养良好的学习动机

对于羽毛球教学内容，学生如果感兴趣，有学习的意愿，那么他们就会形成积极进取的态度，就能够产生很好的学习动力，提高学习的兴趣。

2.形成良好的示范作用

在羽毛球教学中，教师阐明教学目标之后，首先是对要产生或完成的行为表现加以示范，以帮助学生在知识行为掌握方面树立标准。例如，在对羽毛球一些难度较高的技能进行学习时，教师可以进行示范，以提升学生对羽毛球学习的积极性。

3.组织内容的规范有序

对于羽毛球课中的某些内容，教师根据一定的逻辑和程序进行有效组织，就能帮助学生对知识进行循序渐进的理解和记忆。每节课中呈现动作内容的多少要根据羽毛球教学内容、学生的运动能力和理解能力而定。如果内容太过简单，那么学生在学习的过程中会感到无趣，过于零散的内容也无法激起学生的学习兴趣。

4 教师进行及时的指点

在学生学习羽毛球技术动作时，教师要根据羽毛球教学进程给予及时指导。这种及时的指导和提示，有助于学生掌握技术动作的技巧。

5.了解学生的基本情况

在羽毛球教学的过程中，教师对学生的学习情况应及时进行了解，知道学生对相关技术动作的掌握情况。为了督促学生练习，教师要制定一套相关的评价标准，对学生动作的正确性进行评定，了解学生的真实情况。

6. 注重因材施教

羽毛球教学策略的设计要注重学生的个性差异。学生的个性差异主要从能力、兴趣、性格、气质等方面表现出来。在对羽毛球教学策略进行设计时，要多从学生的角度设身处地地进行考虑，针对不同学生使用不同的策略。比如，对于能力较强的学生，教师要提出更高的要求；对基础相对较差的学生，教师要多给予鼓励。对进步较快的学生要给予肯定和表扬。羽毛球教学策略的设计要把促使每一个学生在各自的基础上得以不断提高作为根本目的。

（三）羽毛球运动教学策略的结构

1. 指导思想

羽毛球教学指导思想体现在对教学策略做出相应的理论解释，为体育教学策略实施提供相应的支撑。羽毛球教学策略的设计和实施过程中，教师教学指导的思想是不同的，所采用的羽毛球教学策略也是不同的。

2. 教学目标

任何一种羽毛球教学策略都指向一个教学目标，羽毛球教学目标是教学策略的核心要素，对其他教学要素起制约作用。在策略的运用上，无论是活动内容还是活动细节、活动方式，或者是活动的程序都是指向羽毛球教学目标的，为完成教学目标而存在。

在羽毛球教学中，针对不同的教学目标，所采用的教学策略也不同。设计羽毛球教学策略时，教师要通过内容的学习，能让学生明确本单元、本课时应完成什么目标，同时要想怎么去实现这个目标。对羽毛球教学目标的分析，是制定和选择有效羽毛球教学策略的关键。

3. 实施过程

羽毛球教学活动具有复杂性和特殊性。羽毛球教学策略的实施有其自身的操作序列。羽毛球教学策略的实施程序是相对稳定的，有一定的前后顺序，而且顺序可以随着教学条件的变化以及教学进程及时调整和变换。

4. 操作技术

操作技术，也就是教师掌握的羽毛球教学策略和技巧。要保证羽毛球教学策略得以更有效地实施，就必须把握简单易行的操作要领，一般包括以下三个方面。

首先，羽毛球教学手段方面。除羽毛球教学通常所运用的教学手段外，还包括运用本策略所需的特殊教学手段。

其次，教师方面，包括教师的角色、作用或对教师的要求。

最后，羽毛球教学内容方面，包括羽毛球教学策略的依据和对羽毛球教学内容的处理。

五、羽毛球教学环境设计

（一）羽毛球教学情境创设的途径

关于羽毛球教学情境的创设有很多种方法，主要从学生的活动、教学内容、教师的讲解、教学媒体的运用等角度进行创设，具体如下。

首先，从学生活动的角度对羽毛球教学情境进行创设，其方法主要有游戏法、表演法、任务法、讨论法。

其次，从教学内容的角度出发对羽毛球教学情境进行创设，其方法主要有介绍反面材料法、分析错误法、有意错误法、提问法。

再次，从教师讲解的角度设计，对羽毛球教学情境进行创设，其方法主要包括叙述法、故事法、比喻法。

最后，从教学媒体运用的角度对羽毛球教学情境进行创设，其方法主要包括多媒体法、教育演习法。

（二）羽毛球运动教学课堂管理模式

教师可以结合自己的优势和管理风格进行有选择的使用不同模式，通过相应的课堂管理模式以获得想要达到的效果。因此，下面主要就羽毛球教学中具有代表性的课堂管理模式展开论述。

1. 人际关系模式

这种模式强调教师通过创设健康的课堂气氛，帮助学生形成良好的人际关系，促使学生主动学习，减少问题行为的出现。该模式的主要观点如下。

①帮助学生分析和了解其行为问题。

②对学生的观点与情感进行鼓励和接受。

③促进有效交流，发展建设性的人际关系。

④注重解决而不是指责学生的问题行为。

⑤为有行为问题的学生创造一种非惩罚性的氛围。

⑥发展和利用有助于合作的行为，避免不利于合作的行为的发生。

⑦从学生的角度理解学生，对学生表现出设身处地的宽容、理解和信任。

⑧注重自身的行为，以免引起学生的厌倦和敌视。

⑨帮助学生理解不良行为与其后果之间的因果关系，在不影响安全的前提下，让学生深刻理解其行为的自然后果。

2. 过程模式

这种模式强调课堂是一种社会组织，具有所有社会组织的特征。教师的任务是建立积极、有效和有凝聚力的课堂群体，保证学习活动的顺利进行。过程模式的基本做法如下。

①帮助学生建立积极的群体规范和建设性的行为标准。

②创造开放的交流渠道，让学生能自由地表达观点和抒发情感。

③帮助学生发展交流、沟通和解决群体问题的技能。

④鼓励学生相互交流、相互影响。

⑤帮助学生明确其人际期望。

⑥运用问题解决的集体讨论解决管理问题。

⑦创立非判断性的、非评价性的、和谐与民主的课堂气氛，预防问题行为。

⑧组织问题解决班会，处理群体问题和行为问题。

3. 权威模式

这种模式是教师采取主动控制的方式来对羽毛球课堂教学秩序进行维持，对学生的问题行为通过采用严谨、周密的课堂规则加以约束。其具体实施程序包括以下五点。

①建立具体的课堂规则，并向学生说明规则是对他们课堂行为的期望。

②通过清楚、简明的要求和指令，教师要告诉学生应该做什么、怎样做。

③针对学生违反规则的行为要进行适度惩罚，并告诫学生行为的错误性，使学生在形成正确认识的基础上纠正错误行为。

④采取走近控制的方式警告学生，并显示教师的权威和责任，及时控制学生的不良行为。

4. 教导模式

这种模式是教师面对课堂行为问题，通过有效的教学方法来预防和解决的模式，具体实施步骤如下。

①提供的课程要与教学内容相关并适宜学生的情况。

②实施的教学要适宜而有趣。

③对运动管理进行有效运用。

④建设课堂活动的基本程序。

⑤提供关于课堂活动的明确指导。

⑥课堂活动充满乐趣，从而吸引学生注意。

⑦对良好的课堂环境加以创设。

⑧不断改变课堂环境。

⑨不断改变活动方式，转换学生的注意力。

5.行为矫正模式

这种模式通过强化、咨询等方法对学生进行行为矫正。强化学生的正确行为，避免不良的行为，促进教学目标的实现。这一模式的具体要求如下。

①学生的行为是习得的，这一过程便是进行行为选择的过程。

②通过运用积极强化的方法，培养学生的良好行为习惯。

④在课堂活动中，对强化物进行正确选择和有效使用。

⑤掌握行为强化的时间和频率，增强强化的有效性。

⑥对于惩罚带来的负面效果及消极影响要进行及时处理。

六、羽毛球教学方案的设计

（一）羽毛球教学方案的形式

羽毛球教学方案的设计没有固定的形式，常见的有以下几种形式。

①纲要式。以提纲和要点的方式表示教学过程，简明扼要，几乎是板书的形式，只是内容稍多，有些备注而已。

②讲稿式。其主要以文字描述来表示教学过程，内容比较详细。但应注意不能"详细"地把课堂上的每句话、每个动作都包括在内的"演讲"稿，应该只包括基本的、重要的和备忘的内容。

③表格式。以表格说明的形式表示教学过程，比较醒目和规范，是常用的形式之一。

④综合式。综合性地发挥多种形式的优势来表示教学过程，其特点灵活可变，也是常用的形式之一。

⑤网络式。其主要以应用网络资源、网络技术为手段编制的教学方案。随着信息技术的广泛应用，网络式教案会越来越多地被采用，教学设计的成果主要从羽毛球教学方案中体现出来。羽毛球教学方案的编制应该是规范性与灵活性相统一。规范性体现在教学方案的内容上，反映出一节课的教学任务。灵活性体现在教学方案表达形式的可选性上，以实用方便和个性化为主要方面。羽毛球教学方案的设计是教师必须掌握的最基本的教学技术。

（二）羽毛球教学方案设计的要求

羽毛球教学方案设计，一般有包括以下内容。

一是教学目标的制定，包括：教学目标的分析；教学目标的陈述。

二是教学对象分析，包括：学生一般特征分析；学习风格分析；学生学习能力分析。

三是教学内容分析,包括:结构分析;学习类型分析;重点、难点分析。

四是教学策略的设计,包括:教学方法的设计;教学过程的设计。

七、羽毛球教学评价

羽毛球教学评价活动是伴随着羽毛球教学活动同步向前推进的。教师应当在提出羽毛球教学实施方案的同时,也提出课堂教学过程的评价方案。

评价设计首先要解决的是"评价什么"的问题。教师在教学过程中实施形成性评价应该认真考虑一个问题:三维教学目标究竟以什么形式体现在教学活动中。教师在课堂上看到的是"完整人"的综合行为,我们把这些行为统称为"学生表现",而所设定的羽毛球教学目标应当反映在学生的羽毛球课堂表现之中。就学生在羽毛球课堂中的真实表现可以分为以下几种类型。

(一)学生话语

在羽毛球语言教学评价中,学生话语是一项重要的指标。教师应当采取有效措施收集学生的活动表现证据,其中包括话语量、话语真实水平、话语连贯流畅程度、话语的随机建构水平等。

(二)学生动作

这一方面需要重点评价学生动作的正确性、认真性、主动性,还应该评价学生动作练习的实效性。

(三)学生认知水平

1. 总体概况

羽毛球运动是一项对运动场地要求较低且所用器材较为简单的活动,不仅年龄无限制,而且易于在高校中开展。羽毛球运动在我国非常普及,经过调查发现,某高校中的男女学生对羽毛球运动认知程度存在差异,其中男生对羽毛球运动了解程度更高,女生则了解程度较低,但总体而言对羽毛球运动大致了解的学生占整个高校学生的大部分,而另外一小部分对羽毛球运动不了解的学生还需要对其进行详细分析。绝大多数学生是通过兴趣爱好、网络媒体及课堂教学来了解羽毛球运动的。

学生对羽毛球选项课的态度直接对其行为选择和反应产生影响,即学生发自内心的喜欢羽毛球运动则会积极参与羽毛球运动课程,因此,高校对羽毛球的推广和学生的喜爱程度是影响选项教学羽毛球运动课程参与情况的重要因素。基于此,羽毛球运动选项教学课才能顺利开展。

2. 学生认知概况

动机具有多元性，好的动机可以激发学生的进取心，锻炼学生的意志力。经过对某高校学生参加羽毛球运动选项教学课动机的调查发现，学生选择羽毛球运动的理由十分丰富，其中很多的学生认为参加羽毛球运动可以锻炼身体，丰富课余生活。

学生将羽毛球运动视作兴趣爱好，不仅能锻炼身体，还能加深人际交往。在教学方面，教师应正确引导学生认识羽毛球课程，掌握羽毛球技能的同时，提高学生自我激励能力、人际沟通能力、心理承受能力等，促使学生身心健康发展。

第二节 现代羽毛球运动教学设计的创新趋势

一、跨学科式的发展

从 20 世纪 60 年代后期开始，逐步发展起来的教学设计理论绝大部分都是以"教"为中心，即面向教师的教。其基本内容是研究如何帮助教师把课备好、教好，而很少考虑学生"如何学"的问题。

早期的教学设计在学习理论方面基本上是基于斯金纳的操作性条件反射。美国著名教育心理学家罗伯特·加涅提出"联结认知"学习理论，成为目前流行的以"教"为中心的教学设计模型的理论基础。1990 年美里尔等人提出了构建新一代教学设计模型的设想。但没有得到教育技术界的承认和支持，这当然也因为这种模型没有实现本质上的飞跃。

自 1990 年以来，国际教学设计领域有两个最引人注目的变化。最重要的就是认识论、学习心理学和教学设计的整合，其次就是由于所有类型信息的数字化、凭借互联网的远程指导以及计算机运算速度的提高和存储容量的增加使得技术有可能以新的方式应用于教学。教学设计的理论和实践发展到今天，已经和最新的现代教育技术、学习理论紧密地联系在一起。从整体来说，教学设计的发展历程充分反映了世界各国教育教学的各项改革内容。具体到羽毛球运动教学，其教学设计的创新趋势体现在以下两个方面。

首先，跨学科研究和跨领域应用被置于重要位置。教育学的研究越来越多地呈现跨学科的趋势，当代的学习理论本体论和认识的基础完全不同于传统教学设计的客观主义基础。在对"以学生为中心"的学习环境的研究中，我们主要关注的是基于问题的、项目的、探究式的和开放的学习环境。

其次，教学设计的研究和应用不是教育领域的专利。教学设计是一种有效设计和营造学习环境的方法。为了营造良好的学习环境，教学设计应该运用当代学习、测量、技术和管理等方面的理论来改善学习状况。教学设计从一开始就被广泛应用于工业、军事、政府部门、教育领域以及商业课件的开发。这种持续发展是教学设计领域内外一系列推动和发展的结果。

二、教学设计的改变

教学设计的一个主要变化来自技术对教学内容和方法的影响。如果没有一定程度的教学设计，技术不会在本质上自动改进教育。一些最有魅力的技术应用拓展了可以呈现的问题本质和可以被评估的知识与认知进程。通过利用多媒体、交互性和刺激呈现的控制而丰富任务环境，对认知能力进行大范围研究比以往任何时候都切实可行。技术提供的新能力包括直接跟踪和支撑问题解决技能、把学生解决难题的行动过程可视化、建模和模拟复杂推理任务等。技术也使得对概念组织和学生知识结构的其他方面进行数据收集，使得他们参与讨论和小组项目的表征成为可能。

三、学习环境的构建

各类因素整合下学习环境的建构被置于重要位置。从根本上说，学习并非是传输过程和接受过程。学习是一种主动的过程，知识与能力也是在一定的情境之下获得的，对于羽毛球教学一定要创设一个良好的学习环境。

四、评估方式的创新

新评估理念和方法获得越来越多人的关注和重视。教学设计越来越呈现出把课程、教学、实施和评估进行总体规划的趋势。需求分析、信息和方法的结构分析、个体差异的分析、社会文化差异的分析成为评估的重要内容；信息技术成为评估的主要工具。认知、观察和解释，这三个元素必须清晰地联系在一起并被设计成一个相关的载体。评估需要超越对局部技能和离散的知识点的关注，还要把推动学生进步的更复杂的片面包含进来，包括对认知的评估、对实践和反馈的评估、对"情境"与迁移的评估以及对社会文化大环境的评估。

五、羽毛球竞技运动

（一）竞技特征

1. 综合发展

综合发展是现代羽毛球运动员的实力基础。所谓全面不仅仅是指技术、战术、体能和控球能力，还包括运动员的思想素质、良好的心理素质和顽强的意志品质，这些都是当今世界高水平运动员所有的特征。

现代羽毛球运动突出技术、战术和体能的综合性，从近几年的各大赛事分析，每届冠军获得者大都采用发小球、下压球技术限制对手进攻，主动得分有所提高，积极进攻成了得分的主要手段，这些都充分说明了随着羽毛球运动的频繁交流和羽毛球运动的专业化训练加强，运动员在技术、战术、体能和心理等方面素质越来越趋向于全面，而羽毛球比赛也正是运动员全面实力的较量，无论在哪一个小细节出现问题，都有可能会造成失败。

2. 以快制胜

快速是羽毛球运动的基础，羽毛球运动实践证明，羽毛球运动离开快速就体现不出高水平，它的快速主要体现在战术上进攻和防守转换快。运动员意识上要判断快、到位快和完成动作要快；技术上要求出手快、击球点高而靠前；步法上要求起动、移动、制动、回动快。我国羽毛球队员早在20世纪60年代就已经意识到"快"在羽毛球运动中的特殊意义，并形成了以"快、准、狠、活"为特点的打法且影响全球。

当今，羽毛球运动中"快"的特点已经被全球接纳，而且越来越凸显"快"的特色，由此带动羽毛球运动向更高水平发展，但羽毛球运动中也不能一味地只求"快"，为"快"而"快"，勉强求"快"的方法只会适得其反，同时一成不变的"快"也容易让对手适应，所以一般在比赛中运动员都是采用杀、吊、搓、勾对角相结合的技法，使打法处于不断变化之中。

3. 特长突出

羽毛球运动进攻和防守技术的全面提高，更加凸显运动员"特长"的重要性，一个运动员的运动"特长"是在其技术非常全面的基础上形成的，只有这样运动员才能在比赛中获得主动权，若没有了"特长"，也就无从凸显运动员的高水平，而运动员的"特长"显现范围非常广泛，它可以体现在运动员的心理素质方面，也可以体现在运动员的技术方面，总之，羽毛球运动竞技能力的任何一个方面都可以凸显"特长"。

4. 高空优势

高空优势是羽毛球运动发展的必然结果。所谓的高空优势是指羽毛球运动员在空中能够相对容易地抢到较高的击球点，如若抢到高的击球点，对运动员的杀球和吊球都能发挥落点深、球路刁的优势，进而增加对手的跑动距离，给自己创造得分的机会。现代羽毛球高空优势主要体现在运动员有较高的身高，身高的优势与弹跳相比体现在杀球后的落地周期短，缩短第二次进攻的时间，此特点主要体现在单打项目中。

（二）羽毛球竞技的新发展

1. 新赛制的优势

新赛制条件下胜负偶然性增加，心理压力增大；新赛制对运动员技、战术水平提出更高要求，技、战术全面提升到一个更高层次，对发接发技术和网前技术的要求更高。

新赛制使运动员在比赛过程中的心理压力明显增大，心理因素对胜负的影响进一步加大，关键时刻大胆、果断的运动员胜率较高，比赛过程中得分与失分非常清晰，同时也增加羽毛球比赛的激烈性；比赛的持续时间相对固定，基本能按预先设计的时间完成；新赛制更倾向于"抑强扶弱"，缩短弱势运动员与强势之间的差距，从而更有利于羽毛球运动的普及与发展；新赛制更加趋向于进攻型打法，要求运动员具有更强的进攻意识和连续进攻的能力，对运动员的无氧能力提出更高的要求，增加比赛的强度。

2. 发球的变化性

新赛制要求运动员在发球和接发球时，更加注重技术质量，具备良好的心理素质；新赛制对发球和接发球细节要求更加精益求精；新赛制要求运动员发球技术进攻性更强、速度更快、技术更稳定、方法更多样。由于羽毛球发球攻击性小，所以发球要有变化性。

羽毛球发球更加强调落点的变化性。新赛制下对羽毛球发球和接发球细节要求更加细化，由于羽毛球发球技术攻击性不大，所以如若发球变化小、质量差，极易造成被动，在紧张激烈的比赛中，如发球失误，很容易给发球者造成心理压力。因此，羽毛球发球技术要注意前场、后场、靠近中线与靠近边线不同方位、不同落点的有机结合，才能更好地调动对手，争取得分机会，而在接发球时在防网前小球的同时，准确判断对手意图，注意后场高远球。

3. 双方利益的互补

新赛制要求运动员快速进入比赛状态，新赛制的出台，把旧赛制的发球得分制取消，使运动员得分的速度加快，缩短每局比赛的时间，对发球方来说是不利的，发球方只有更好地限制对手进攻，为自己创造进攻的机会才能处于优势。从本质上讲，新赛制是平衡了双方运动员的利益，新赛制对羽毛球竞赛规律的影响是局部的，并未改变羽毛球运动制胜规律的本质。

4. 规则的不断变化

任何事物的发展总是处于不断的变化之中，羽毛球比赛规则也同样。随着羽毛球运动水平的不断提高，为推动世界羽毛球发展，适应市场和电视转播的需要，羽毛球世界联合会将会不断地修改规则，以平衡世界各国羽毛球的发展水平，吸引更多的比赛观众，促进羽毛球更好更快地发展。

当今，羽毛球运动制胜更加突出以"快"为核心，让运动员在比赛中争取最高、最前的击球点，加大对手回击的难度，"狠、准、活"是"快"的具体体现，分别从运动员的技术、战术、身体能力等方面表现出来，羽毛球的比赛规则也必将随着羽毛球的发展和市场的需要而不断地变化。

5. 良好的心理素质与体能

随着羽毛球运动水平的不断提高，竞赛的激烈性增强，教练员和科研人员越来越重视运动员的心理素质和体能的训练。通过对各大比赛分析，在比赛中受心理素质和体能影响而失败的占大多数，因技术方面不足而造成失败的占少数。可见，良好的心理素质和体能是羽毛球比赛中非常重要的一个训练部分，不容忽视。

6. 羽毛球的商业化与职业化

随着1992年羽毛球正式成为奥运会比赛项目后，羽毛球运动开始在世界范围蓬勃发展，由于激烈的竞争，各国在羽毛球运动上的投入越来越大，羽毛球场上的竞争，不仅仅是队员之间的竞争，更是教练员、科研人员等服务人员的竞争。

为了凸显本国的羽毛球水平，各国开始不断地对羽毛球运动加大技术含量，即投入较大的科研团队，来加强本国羽毛球的实力基础，特别是一些羽毛球运动强国，更加注重科研投入。羽毛球高水平竞技在某种意义上已经成为现代科技水平之间的较量，在现代国际体育舞台上，羽毛球独具一格的观赏价值，赢得众多的观众，因此赢得众多的商家和媒体的关注，在这样的潮流之下，羽毛球运动的发展和商业化与职业化的关系越来越密切了。

第五章　现代羽毛球运动技术教学的创新发展

羽毛球是一项在室内和室外都能够进行的运动，在我国，羽毛球的发展水平较高，在世界级比赛中我国运动员通常处于领先地位，但在高校羽毛球技术教学的过程中，却出现了教学质量差、学生羽毛球技术不强的现象，导致我国羽毛球技术的发展乏力，不利于羽毛球运动的健康长远发展。因此，要对我国的高校羽毛球技术教学进行相应的革新，通过多种方式，来提升我国高校羽毛球技术教学水平，从而全面地提升我国羽毛球技术水平，促进我国羽毛球技术的不断发展，并达到全民健身的基本目的。

第一节　现代羽毛球运动技术教学

一、现代羽毛球运动技术教学基本内容

（一）发球

发球是组织进攻的第一步，依据发球的姿势，发球分为正手发球和反手发球。无论采取正手发球还是反手发球，主要是依据自己的习惯或战术的需要来选择的。一般情况下，单打中多采用正手发球，而在双打中常用反手发球。就球飞行的角度和距离而言，可将发球分为后场高远球、后场平高球、后场平快球和网前球四种。每项发球技术均由准备动作、引拍动作、击球动作和随前动作四部分构成。

1. 发球之正手发球

（1）正手发后场高远球

羽毛球每项发球技术都是由击球前准备、引拍动作、击球动作和随前动作四部分组成。

①准备动作：发球者两脚自然开立，左脚在前，脚尖对网，右脚在后，脚尖稍向右侧，重心放在右脚上，用左手拇指、食指和中指夹住羽毛球中部，自然举于正前方；右臂自然屈肘举至身体的右后方。

②引拍动作：持球手松开，使球自然下落，后脚蹬地转体同时右上臂带动前臂自下向左上做弧形回环引拍动作，充分伸腕，身体重心前移，当挥拍至身体右侧前下方时，准备击球。

③击球动作：最佳击球点在身体右侧前下方，此时手心正对来球，在拍面与球接触的瞬间，右臂迅速内旋带动手腕快速向前上方闪动、展腕食指屈指发力，用正拍面将球击出，身体重心随转体动作逐渐由右脚移至左脚跟随动作；身体重心完全移至左脚，持拍手随击球动作完成后的自然惯性向左上方挥动，手心对着身体的左侧。

④随前动作：身体重心完全移至左脚上，持拍手随击球动作完成后的自然惯性向左上方挥动。在发球过程中双脚均不能离开地面或移动。

（2）正手发平高球

正手发后场平高球是用正手握拍，由于球的飞行弧度不高和球速相对较快，此种发球颇具威胁性，并常在单、双打中与发网前球配合使用，以增加对方接发球的难度。

①准备动作：同高远球。

②引拍动作：同高远球。

③击球动作：击球时，前臂加速带动手腕向前上方挥动，拍面要向前上方倾斜，拍面与地面的夹角小于45°，以向前用力为主。

④随前动作：同高远球。

（3）正手发平快球

正手发后场平快球是用正手握拍，发出的球又平又快，使球直接、快速地落在对方场内端线附近的发球。平快球突袭性强，由于它弧线平直、飞行急速，往往能使对手措手不及或出现失误，是发球抢攻的主要发球技术。

①准备动作：同高远球。

②引拍动作：左手持球于身体的右前方并自然放落。

③击球动作：拍面稍后仰，与地面形成110°左右的仰角。

④随前动作：充分利用前臂带动手腕的爆发力，向前发力将球击出。

（4）正手发网前球

由于网前球的飞行弧度低、距离短，可以有效地限制对方直接接发球反攻，或接发球后有目的地抢网或突击扣杀，是单、双打中较常见的一种发球。正手发网前球技术动作要领如下。

①准备动作：同高远球。

②引拍动作：同高远球。

③击球动作：击球时握拍要松，前臂只是前摆不做内旋动作，靠手指控

制力量，手腕收腕发力，击球时拍面从右向左斜切击球托后部，使球轻轻擦网而过，落入对方前发球区内。

④随前动作：同高远球。

2. 发球之反手发球

反手发球时我们应注意以下几点。

①用正拍面将球击出，球飞行的弧度小于后场高远球。

②球飞行的高度以对方跳起无法拦截为佳。

③击球瞬间拍面与地面夹角应小于45°。如果拍面仰角过大，击出的球弧度过高，达不到战术要求；拍面仰角过小，易被对方拦截。

反手发球握拍与持球：右手臂屈肘，用反手握拍将球拍横举在腰间，拍面在身体左侧腰下。左手拇指与食指捏住球的羽毛，球托朝下，球体或球托在球拍前对准拍面。

（1）反手发平高球

①准备动作：两脚与肩同宽，右脚在前，左脚尖侧后点地，重心放在前脚上；用左手的拇指、食指、中指捏住球的羽毛处，将球置于腹前腰部以下；右臂屈肘稍向上提起，用反手握拍，以反拍面将球拍自然置于腹前持球手的后面，两眼正视前方，呈发球前的准备姿势。

②引拍动作：左手放球的同时，右臂以肘为轴，前臂旋内，带动展腕由后向前做回环半弧形引拍动作。

③击球动作：击球时屈指伸腕拇指前端发力，用正拍面向前上方将球击出。

④随前动作：发平高球时以制动动作结束发力，发近网小球时拍面自然前送。

（2）反手发平快球

①准备动作：同反手发平高球。

②引拍动作：同反手发平高球。

③击球动作：击球时，要充分利用前臂带动屈腕的爆发力，利用拇指的鼎力屈指发力，使拍面与地面呈近似于90°，向前方用力击球。

④随前动作：同反手发平高球。

（3）反手发网前球

发网前球能减少对方把球往下压的机会，发球后立即进入抢攻。把球发到前发球线内角。球飞行的路线较短，容易封住对方攻击自己后场的角度。发球到前发球线外角位能起到调动对方离开中心位置的作用。特别是在右场区发前发球线外角位，能使对方反手区出现大片空当。但对方也能以直线推平球攻击发球者的后场反手区。如果预先提防，可用头顶球还击。发网前球也可以发给对方追身球，造成对方被动。反手发网前球基本动作如下：

①准备动作：站位接近前发球线，右脚在前，重心在右脚，左脚跟提起，右手采用反手握拍法持拍于腹前，肘关节屈，手腕前屈，左手捏住球的羽毛斜放在球拍前面。

②引拍动作：将球拍稍往后摆动至一定距离。

③击球动作：前臂向前上方推送，同时，带动手腕由屈到微伸而向前摆动，利用拇指的鼎力用反拍拍面斜向前轻轻推送切击球托，使球尽可能低地沿网上方飞过。推击球托的左斜侧面。

④随前动作：击球后，前臂继续往上摆到一定高度后回收至胸前。

3. 发球之推球

网前推球是指把对方回击的球，用推击的方法快速向对方底线击出弧线较平的击球技术。由于网前推球具有速度快、弧线平，再加上落点控制，往往可以给对方造成回击困难，所以前推球很有进攻性。

（1）正手推对角线球

①准备动作：同正手推直线球。（正手推直线球，即以球拍的正面对准羽毛球，一般以球拍垂直于地面的角度，碰到羽毛球的瞬间手腕迅速发力，将羽毛球推向同侧边线与底线交界处。）

②引拍动作：同正手推直线球。

③击球动作：与推直线球相同，但是击球点在右肩前，要推击球托的右侧后部，使球沿对角线方向飞行。这时，手腕控制拍面角度，闪腕时手臂不要完全伸直。

④随前动作：同正手推直线球。

（2）反手推直线球

无论是正手推球或是反手推球，都要注意推球点要高，拍面角度要控制好，拍面摆动幅度要小、发力要短促快速。

①准备动作：同正手推直线球。

②引拍动作：运用反手上网步法移动至网前左区，前臂伸向来球，拍子前伸，肘关节微屈，手腕外展，掌心向下，拍面稍后仰。

③击球动作：击球瞬间在前臂稍外旋带动下，手腕由外展至伸直闪腕，中指、无名指和小指突然握紧拍柄，拇指顶压球拍，往前挥拍，推击球托的后部。

④随前动作：击球后前脚回动并收拍持拍于体前还原成放松的正手握拍姿势。

（3）反手推对角线球

①准备动作：同正手推直线球。

②引拍动作：同正手推直线球。

③击球动作：前臂前伸并带外旋，手腕由外展到伸直闪腕，中指、无名指和小指突然握紧拍柄，拇指顶压，往右前方挥拍，击球点比反手推直线球时偏前一点，推击球托的左侧后部，使球沿对角线方向飞行。

④随前动作：同正手推直线球。

4. 发球之高手位击球

后场高远球是将对方击至本方后场端线附近的球回击得又高又远，落至对方端线附近的一种球。它包括后场正手、反手和头顶三种击法。由于球飞行弧度高，速度慢，在被动的情况下可有效地争取回位时间，调整好接球位置。故比赛中在被动的情况下常用此种球进行过渡，或迫使对方远离位置与吊球结合，调动对方。如双打守中反攻战术，也可利用击打后场高远球，调动对方两底线，有意消耗其体力。

（1）正手击打高远球

①击球前准备：用后场正手后退步法迅速向来球方向移动，调整好身体与球的位置，使击球点位于右肩的前上方；两脚与肩同宽自然开立，左脚在前，右脚在后，身体重心放在右脚上，侧身对网；右手正手握拍肘举于体侧，上臂、前臂间夹角为45°左右。左手自然上举，保持平衡，双眼注视来球方向，呈击球前的准备姿势。

②引拍动作：当球下落到一定的高度时，手肘上提，手臂后倒引拍，以肩为轴，同时置地转体，前臂充分向后下方摆动并外旋，手腕充分伸展，准备击球。

③击球动作：击球时前臂急速内旋带动手腕加速向前上方挥动，屈腕屈指发力，用正拍面将球击出；击球点选在右肩的前上方，高度以持拍手臂自然伸直击球为宜；如果是起跳击球，则按击高远球准备姿势做好，右脚蹬地、左脚后摆交叉起跳，开始转体，同时手臂引拍，在空中高点完成击球动作。

④随前动作：右手随击球后的惯性向左前下方挥动，然后顺势收回至体前，呈接球前的准备姿势。如起跳击球后，左脚落地的瞬间，左脚脚掌立刻蹬地向前，快速回到中心位置。

（2）反手击打高远球

①准备动作：由中心位置起动后，用后场反手后退步法向来球方向移动，击球前右脚在前（先不着地，与击球动作完成瞬间同时着地），身体背向球网，

右手反手握拍屈肘举于身体右侧与肩同高的地方，两眼注视来球，呈击球前的准备姿势。

②引拍动作：持拍臂手肘向上抬举，身体稍向左转体，含胸收腹，右腿稍屈，同时手臂回环内旋引拍，握拍手尽量放松，手腕稍有外展。

③击球动作：当球下落至右肩前上方一定的高度时，上臂、前臂急速外旋带动手腕加速，近似画一条弧线似的由左下方经胸前向右前上方挥动。击球时手腕由稍外展至快速闪动屈指发力，利用拇指的鼎力以及中指、无名指和小指的握力，用反拍面将球击出。此时右脚着地，身体重心也落在右脚上。如果对方的来球打向左后场区的时候，要迅速把身体转向后方，移动到适合的击球位置，背对球网，反手握拍，沿半弧形击球，把球击向后上方。

④随前动作：持拍手臂手腕伸展发力后随即制动收回胸前，右脚蹬地向右转体，面向球网跟进回位。

（3）头顶击高远球

头顶击高远球的要领与后场正手击高远球的要领基本相同，所不同的是击球点偏左肩上方。

①准备动作：击球前的准备姿势，如果是在主动的情况下击球，同正手击后场高远球一样。为使击球动作隐蔽，要求击球前的准备姿势以侧身准备（左肩对网），但如果是被动击球，在来不及的情况下，击球前左肩不一定对网，可以用交叉步向前。

②引拍动作：同正手击高远球。

③击球动作：后场头顶击高远球的要领与后场正手击高远球的要领基本相同，所不同的是击球点偏左肩上方。跳起击球时，身体偏左倾斜，落地时左脚向左后方摆动幅度大些，使左脚的落地点在身体重心投影点的左后侧，以保证落地后身体前倾。

④随前动作：击球后迅速跟进回位。

5. 发球之平高球

后场平高球是飞行弧度比高远球低的一种进攻型高球，其高度以对方起跳拦击不了为准。由于平高球的速度快、击球动作突然性强，如能选择恰当的时机运用高质量的平高球攻击对方的后场底线两角，配合前场小球调动对方，效果极佳，可达到控制对方后场，使其被动，为自己创造进攻机会，平高球是后场主要的进攻技术。同后场击高远球一样，后场击平高球技术也有正手、头顶和反手三种击球法。

后场正手、头顶和反手击平高球技术的动作要领与后场正手、头顶和反手击高远球技术的动作要领基本相同，不同之处是引拍、击球动作较高远球小而快，击球的瞬间应运用前臂内旋带动手腕的充分闪动，快速发力以比击高远球仰角稍小一些的正拍面将球击出。要求发力击球的时间更短、爆发力更强、突然性更大。

6. 发球之后场吊球

后场吊球是从后场到达对方前场区域（前发球线与球网之间）位置向下坠落的球。球的飞行弧度以球过网后迅速下落为宜，它是调动对方、打乱对方阵脚、有效组织战术进攻的一种击球技术。在后场进攻时，如果能与高远球、杀球技术结合起来运用，并且保持吊球、高远球、杀球三种击球技术在击球前动作的一致性，通常能够给对手造成接球前在判断上的困难。依据击球时球与人体的位置，后场吊球可分为后场正手吊球、头顶吊球和反手吊球三种方法。后场正手吊球是在右后场区正手握拍以正拍面将对方打来的后场球还击到其网前区域位置的球。动作要领与方法如下。

①准备姿势、引拍动作均与后场正手击高远球相同。

②击球动作：击球点选择在右肩的前上方较高远球稍前一点的位置。击球时由伸腕到屈收带动手指捻动拍柄发力，并以手指的转动使球拍形成一定的外旋，用斜拍面切击球托后部的右侧，主要靠手腕、手指控制力量。

③随前动作：击球后，球拍随惯性向左前下方挥动，并自然地回收至胸前，恢复放松状态下的正手握拍。

此外，按球的飞行弧线和击球动作的不同吊球分为劈吊、拦截吊和轻吊。

①劈吊的击球前动作和打高球、杀球相似。击球时用力较轻带有劈切动作，落点一般离网较远。

②拦截吊是把对方击来的平高球拦截回去，击球时用拍面正对来球，轻轻拦切或点击，使球以较平的弧线、较慢的速度越网垂直下坠。

③轻吊的击球前动作和打高球相似，击球时拍面正对来球，在触球的刹那，突然减速或轻切来球，使球刚一过网即下坠。

7. 发球之后场杀球

后场杀球是在后场或中后场区域，在尽可能高的击球点上全力将球从高往下压到对方场区的一种击球方式。它具有击球力量大、球速快的特点，给对方造成很大的威胁，在比赛中是进攻或直接得分的有效手段。后场杀球技术依据击球时球与人体的位置，可分为正手杀球、头顶杀球和反手杀球三种击球方法；根据出球角度的不同，分为正手、反手杀直线球和斜线球；根据击球力量的不同，分为正手、反手杀直线球和斜线球；根据击球力量的不同，还分为重杀和点杀；根据出球距离和落点的不同，可分为长杀（落点在双打后发球线附近）和短杀（落点在中场附近）；根据击球时间差的变化，还有突击杀等多种方式。在这里只介绍按击球位置来划分的正手杀球和头顶杀球技术。

（1）正手杀球

后场正手杀球是击球者正手握拍，以正拍面在右肩前上方将对方击来的球在尽可能高的击球点上把球击压到对方场区内的一种击球方式。

①准备姿势、引拍动作和随前动作均与后场正手击高远球相同。

②击球动作：击球点选在右肩前上方较高远球稍前一点的位置上；击球前身体后仰，几乎呈"弓型"，在击球瞬间，将上下肢全身的力量通过手腕由伸到屈的快速闪动发力，以正拍面向前下方全力压球。

（2）头顶杀球

在左后场区用正手握拍，以正拍面在头顶上方击杀球为后场头顶杀球。后场头顶杀球技术的动作要领：后场头顶杀球技术的准备姿势、引拍动作及随前动作要领均与后场头顶击高远球相同，而击球动作则与后场正手杀球技术动作要领基本相同，所不同的是，击球点偏在头顶前上方。击球时如以正拍面向正前下方发力击球托中后部为头顶杀直线球；击球时手臂带动手腕内旋，手指向内转动球拍，用正拍面向右斜前下方击球托的稍左侧面后部为头顶杀斜线球。击球时拍面是正面击球，而不带任何切击动作，否则斜拍面击球，拍面与球托摩擦，将会抵消击球的力量。

8. 发球之后场劈球

劈球是介于吊球和杀球技术之间的一项后场进攻型技术。由于劈球是以吊球的动作、杀球的力量斜拍面击球，闪动速度快，且落点一般都较刁钻。在实战中，它与平高球、吊球、杀球配合运用，是一种灵活多变的后场进攻手段。

后场劈球技术可分为正手、头顶两种击法。劈球技术的动作要领：准备姿势、引拍动作和随前动作都与后场杀球技术相同，不同点在于击球时充分运用前臂、手腕、手指控制拍面，以斜拍面快速向前下方劈压击球。不管是正手劈球还是头顶劈球，在劈直线球时斜拍面切击的角度要小些，劈对角线时拍面切击的角度要大些。

正手劈球切击球托的右后部，头顶劈球切击球托的左后部。另外，根据对方来球弧度的大小不同，击球的拍面也要相应地调整。当对方来球较高时，击球向前的力量要小一些，向下劈压的力量要大些。如对方来球较平，则手腕向前的力量要大些，向下劈压的力量要小些。

（二）网前击球

一般认为后场球是需要拉开架势用身体来打的，判断到位、步法到位、力量有了、姿势正确就足以应付；羽毛球技术提高的难点就是中前场，而中前场也是羽毛球比赛中得分相对较多的地方，所以把握中前场的机会显得更加重要。

中场球多是防守加平抽挡，既是过渡又隐含反攻，处理得当可以随球上网，变被动为主动；前场球也就是网前球，多在发球线之内。区域虽小，如能运用得从容自如，可以成为取胜的关键。

1. 网前击球之放网前球

在网前高点击球紧贴着网击球，球一过网就垂直落下的球就是放网前球。球的飞行轨迹是垂直向下，过网就贴网直落。在接近网的位置高点击球，比较容易打出贴近网的直起直落球。如此打法，使对手在网下边接球，己方就能继续掌握主动权。

在网前高点击球应注意的事项。首先，手不要僵硬地用力握拍，轻轻握就可以了，只有在击球的一瞬间紧握球拍。击球时拍面向前似推出，打直线比打斜线时球的飞行距离短。球不要打高，球的飞行距离不要太长。总之，要多打多练以确定自己的最佳击球点。双打时，优先考虑球的快速落地，球的飞行距离会变得稍长些。其次，放网前球最重要的是不要太高。用拍面弹的过劲了，球无论如何也会变高，所以，拍面要做"吸收"来球力量的准备，使拍面在球的下方滑动般地通过。不管是正手还是反手，打旋转球时，从右到左或从左到右，各个方向都要试试。再次，用拍面搓、快速切球托，球就会快速地旋转，并在旋转、变化中下落。球在变化、旋转时被击打，就会飞向对手预想之外的方向，对手就不得不在低点接球。最后，打旋转球时，球拍挥动幅度不要过大。打旋转球时要调整心态，意识过强，动作就会过大，旋转就变得不好控制了。另外，接斜线球，有时采用球拍从左向右切球能够产生理想效果。

①准备动作：正手握拍自然置于胸前，两臂自然张开，右脚在前，左脚在后，两脚间距略宽于肩，膝微屈，前脚掌着地，身体微微前倾并收腹。

②引拍动作：运用正手上网步法向来球方向移动，最后一步时右脚向来球方向跨出成弓箭步，前臂伸向来球，拍子前伸，拍头略低于手腕，斜对网。

③击球动作：争取高点击球，握拍放松稍收腕，向球托斜侧提击或搓切。击球过程中左手要向后平举以协调动作。挥拍的力量、速度和拍面角度的大

小，主要取决于来球离网的远近和速度的快慢。来球离网远，速度慢些，则放球的力量要大些，反之则力量要小些。

④随前动作：击球后前脚回动并收拍持拍于体前还原成放松的正手握拍姿势。

2. 网前击球之反手放网前球

①准备动作：正手握拍自然置于胸前，两臂自然张开，右脚在前，左脚在后，两脚间距略宽于肩，膝微屈，前脚掌着地，身体微微前倾并收腹。

②引拍动作：运用反手上网步法移动至网前左区，反手握拍于左体侧斜对网，前臂伸向来球，拍子前伸，拍头略低于手腕，保持手腕稍展，屈腕。

③击球动作：击球时，主要靠小臂的前伸、外旋和手腕由内收至外展的合力，轻托底部把球轻松过网，左手和正手放网动作一样要协调配合。

④随前动作：与正手放网前球相同。

3. 网前击球之搓球

搓球是用球拍搓击球的左或右侧下部与球托底部，使球向右侧或左侧旋转与翻滚过网的羽毛球网前动作。搓球技术是网前的基本技术之一。比赛中，高质量的搓球不仅能起到控制前场、迫使对方只能挑后场高球，从而为自己创造进攻得分机会的作用，还可以成为有效的得分手段。广大羽毛球爱好者要想纵横球场，搓球技术是必须掌握的有力武器。

（1）正手搓球

①准备动作：正手握拍自然置于胸前，两臂自然张开，右脚在前，左脚在后，两脚间距略宽于肩，膝微屈，前脚掌着地，身体微微前倾并收腹。

②引拍动作：运用正手上网步法向来球方向移动，当右脚向前蹬跨时，持拍手于胸前向来球方向伸出，争取高的击球点；左手于体侧后伸平举与右手对称，以保持身体的平衡；伸拍的同时前臂外旋做半弧形引拍动作。

③击球动作：争取高点击球，前臂稍外旋，手腕由后伸至稍内收闪动，握拍手的食指和拇指夹住球拍，中指、无名指、小指轻握拍柄，空出掌心，利用手腕和手指的力量搓切来球的右下底部，使球旋转翻滚过网。

④随前动作：击球后手腕伴有一定的制动动作。右脚掌蹬地后向中心位置回动，同时击球手臂收回到胸前，准备回击下一个来球。

（2）反手搓球

①准备动作：前臂稍微向上举，手腕前屈，手背约与网同高。而拍面低于网顶。

②引拍动作：持拍手小臂稍外旋，手腕稍后伸，球拍也随着往右稍下后

摆，拍面正对来球；小指和无名指稍松开，使拍柄稍离开手掌鱼际肌；拇指和食指稍向外捻动拍柄，拍面稍为后仰。

③击球动作：击球瞬间前臂内旋，手腕由后伸至屈腕闪动击球，并运用食指的推压力量；击球瞬间击球点的高度和拍面的角度决定了球过网后飞行弧度的高低。

④随前动作：右脚掌蹬地后向中心位置回动，同时击球手臂收回到胸前，准备回击下一个来球。

4. 网前击球之扑球

扑球是网前技术中最具有进攻性和威胁性的技术，对方回击的球过网弧度较高时，迅速抢高点以最快的速度将球扑压到对方场区称为网前扑球。它是前场进攻直接得分的一种重要手段，其要求出手快、动作小、有极强的手腕爆发力。扑球可分为正手扑球和反手扑球。

（1）正手扑球

由于网前扑球速度快、飞行路线短，对方来不及挽救，是威胁性最大的一种进攻技术。但要注意在运用网前扑球技术时，不要出现"过网击球"违例。

①准备动作：正手握拍自然置于胸前，两臂自然张开，右脚在前，左脚在后，两脚间距略宽于肩，膝微屈，前脚掌着地，身体微微前倾并收腹。

②引拍动作：运用蹬跳步上网，利用右脚的蹬地向右网前跳出，即跳的过程中采用正手握拍肘部微屈，前臂上伸向前上举拍并稍外旋，手腕后伸，正拍面朝前。

③击球动作：前臂内旋，手腕由后伸略内收闪动至外展，屈指发力挥拍使球拍从右侧向左侧挥动击球，若球离网较近，可采用自右至左的"滑动式"扑球。前脚落地时屈膝缓冲，击球后上臂制动，肘有回动动作。

④随前动作：并步回动，并持拍于体前，还原握拍姿势。

（2）反手扑球

网前扑球时要抓住时机，准确判断来球方向与力量、高度，在高于网的高度击球；手腕"抖动"快速且幅度小，拍面前倾。

①准备动作：正手握拍自然置于胸前，两臂自然张开，右脚在前，左脚在后，两脚间距略宽于肩，膝微屈，前脚掌着地，身体微微前倾并收腹。

②引拍动作：运用蹬跳步上网，利用右脚的蹬地向左网前跳出，身体呈侧背对网，在右脚蹬跨步的同时，反手握拍、持于左侧前向前上方的来球方向高举伸出，肘稍屈，手腕外展，拇指顶压 7～8 棱线组成的左侧宽面，其余四指并拢。

③击球动作：手腕由屈腕到伸腕，利用前臂和手腕的力量向前下方将球击出。

④随前动作：击球后马上屈肘，手腕由内收到外展收拍于体前，以免触网。并步回动，并持拍于体前，还原握拍姿势。

5. 网前击球之勾球

网前勾球是指把对方击来的网前球，用屈腕的动作将来球回击到对方斜对角的网前区域内的击球技术。网前勾球由于球速快、球路斜飞，与搓球、推球结合，能达到声东击西、调动对方的效果，使对方防守出现漏洞，为己方创造进攻或得分机会。

网前勾球分为正手网前勾球和反手网前勾球。

（1）正手网前勾球

①准备动作：正手握拍自然置于胸前，两臂自然张开，右脚在前，左脚在后，两脚间距略宽于肩，膝微屈，前脚掌着地，身体微微前倾并收腹。

②引拍动作：采用并步加蹬跨步上网，球拍随着前臂往右前上方举起，前臂前伸，稍有外旋。手腕微后伸，这时的握拍稍有变化，将拍柄稍向外捻动，使拇指贴在拍柄左侧的宽面上，食指的第二指节贴在右侧的宽面上，拍柄不触及掌心。

③击球动作：击球时，靠前臂稍有内旋往左拉收，手腕由稍后伸至内收。球拍拨击球托的右侧下部，由手腕和手指控制拍面角度。

④随前动作：击出球后，球拍回收至胸前。

（2）反手网前勾球

网前勾球要充分利用手腕、手指的力量控制球拍，伸腕动作要突然、幅度小、快速，以便击出方向与力量各异的球。

①准备动作：同正手网前勾球。

②引拍动作：采用前交叉步加蹬跨步上左网前，球拍随手臂下沉，握拍变成反拍勾球握拍法，拍面正对来球。

③击球动作：当来球过网时，肘部下沉拉拽球拍，同时前臂稍外旋，手腕稍屈至后伸闪腕，拇指轻轻顶压发力，其他手指突然握紧拍柄，拨击球托的左侧后部，使球沿对角线飞越过网。

④随前动作：球拍回收至胸前，为下次的来球做积极的准备。

（三）低手位击球

击球点低于头部高度的击球，被称为低手位击球。低手位击球技术主要有：半蹲快打（这是介于高手位击球与低手位击球之间的一种特殊打法，我们暂且归到低手击球一类）、接杀球和抽球。半蹲快打和接杀球主要用于中场区。由于中场区是攻防转换的主要区域，双方的距离接近，球在空中滞留的时间也缩短了，因此，中场击球技术要求挥拍预摆幅度小，突出体现一个"快"字，做到快打。抽球在中场或后场都有应用。在后场，抽球主要对付对方的长杀，或对方压底线两角时作为反控制的手段。

1. 低手位击球之挑球

将网前区域低手位的球由下至上地击至对方后场端线上空的球被称作挑球。它是在处境被动的情况下运用的一种过渡球，其战术目的是：在己方不利的情形下通过挑球将球击得又高又远，以限制对方快速的进攻，争取回位时间。双打中也常运用挑弧度不太高的后场端线两角的球来调动对方。挑球有正手和反手两种击球方法，每种击球方法又可分别击出直线、斜线两种不同路线的球。

（1）正手挑球

①准备动作：两脚分开站立在中场附近，微屈双膝，体前持拍判断来球方向与弧线，快速移动到击球位置。

②引拍动作：运用正手上网步法向来球方向移动，最后一步时右脚向来球方向跨出成弓箭步，持拍的手前伸，经右侧上方前臂外旋，手腕伸展下放，将球拍引向右侧下方。

③击球动作：右脚向前跨步成弓箭步，伸臂举拍时放松伸腕，以肩为轴，小臂带动手腕发力。

④随前动作：持拍臂随惯性向前上方挥拍减速，然后收拍并回动复位，还原成放松的正手握拍姿势。

（2）反手挑球

①准备动作：两脚分开站立在中场附近，微屈双膝，体前持拍判断来球方向与弧线，快速移动击球位置。

②引拍动作：运用反手上网步法移动至网前左区，反手握拍于左体侧斜对网，前臂伸向来球，以肩和肘为轴心，前臂内旋并向下做小回环，将球拍引向左侧下方。而肘关节向上抬起，同时伸展腕。

③击球动作：右脚向前跨步成弓箭步，大臂带动小臂以肘关节为轴，小臂伸直外旋，小臂带动手腕发力由左下方向右上方做弧形挥拍，将球推出。

④随前动作：前臂随惯性向上挥动，逐渐减速，然后收拍于体侧，还原握拍，同时前脚回动复位。但必须迅速将反手握拍转换为正手握拍。

2.低手位击球之抽球

平抽反击球是指把对方打来的离身体较远的平球回击到对方后场区域的击球方法。

（1）正手抽球

①准备动作：两脚并立站在中场附近，微屈双膝，体前持拍判断来球方向，向右跨步到接球位置。

②引拍动作：小臂由外旋转为内旋，手腕由内收到外展，利用食指、手腕力量准备击球。

③击球动作：前臂急速向右侧前方挥动，由外旋转为内旋，手腕由后伸至伸直闪腕，手指握紧拍柄，球拍由右后往右前方高速平扫盖击来球。

④随前动作：击球后手臂左摆，左脚往左前方迈一步，右脚跟一步回中心位置，准备迎击第二个来球。

（2）反手抽球

①准备动作：其与正手抽球动作相同。

②引拍动作：左脚向左前跨一步，重心在左脚上，身体稍向左转，前臂往身前收（来球离身体较远落于左边线时，右脚前交叉在左侧前，重心在右脚上，右手反手握拍在左侧前）。肘部稍上抬，前臂内旋，手腕外展，将球拍引向左侧。

③击球动作：击球时，在腰的右转带动下，前臂外旋，手腕由外展到伸直闪动，拇指前顶；其余手指突然握紧拍柄，挥拍击球托的底部。

④随前动作：击球后，球拍顺势反盖过去挥向右侧，随身体的回动收回到右侧前。

（四）现代羽毛球运动员的疲劳恢复

运动性疲劳的恢复也就是疲劳消除的过程，疲劳的恢复应该围绕其产生的原因展开，针对运动时能源物质的消耗，我们可以通过营养物质补充的方式来缓解疲劳，即从人体所需的供能物质和对生理功能调节的维生素及微量元素入手进行补充糖、脂肪和其他所需物质。能量物质的补充不应仅仅停留在运动前或者运动后，而应贯穿于整个运动过程。如糖、维生素及有机物等的补充。自制运动饮料是不错的补充方式之一，可以根据自己的需要配比营养成分。大量出汗导致内环境失调以及代谢产物堆积，补水是关键，加之物理手段促进肌肉放松，改善肌肉血液循环，加速代谢产物排出，补水促进体内酸碱平衡、改善血浆渗透压，促进循环代谢。但是补水是要根据自身情况科学补水，否则得不偿失。温水浴理疗、按摩等物理手段对放松肌肉、改善局部血液循环、增加关节活动度、促进代谢产物的排出具有明显作用。物理手段更要讲究科学性，如温水浴的水温以40℃左右为宜，温度不宜过高，时间为10分钟左右，勿超过20分钟以免加重疲劳，也可在训练结束半小时后进行冷、热水浴，冷水温度为15℃，热水温度为40℃，冷浴1分钟，热浴2分钟，交替三次；桑拿浴一般不要在运动结束后即刻进行，以免造成脱水和加重疲劳。运动后进行适量的整理活动是简单易行、效果较显著的消除疲劳手段，按摩、拉伸及慢跑等皆可体现在整理活动中。

另外，对中枢神经的调节，也是促进疲劳消除的有效途径。良好充足的睡眠是消除疲劳的一种最直接、最有效且经济的方法，人体进行睡眠时，大脑皮层的兴奋性最低，机体的合成代谢最旺盛，有利于体内能量的蓄积。通过意念活动以及调整呼吸进行放松，是利用调节中枢神经消除疲劳的表征。消除运动疲劳的方式很多，依据自身情况，将不同的放松方式进行科学的组合，才更易于放松。

二、现代羽毛球运动对运动员的影响

（一）羽毛球运动员的情绪

情绪，是对一系列主观认知经验的通称，是多种感觉、思想和行为综合产生的心理和生理状态。最普遍的情绪有喜、怒、哀、惊、恐、爱、恨等，也有一些细腻微妙的情绪如嫉妒、惭愧、羞耻、自豪等。情绪常和心情、性格、脾气等因素互相作用，也受到荷尔蒙和神经递质影响。无论正面还是负面的情绪，都会引发人们行动的动机。尽管一些情绪引发的行为看上去没有经过思考，但实际上意识是产生情绪重要的一环。

情绪可以分为与生俱来的"基本情绪"和后天学习到的"复杂情绪"。基本情绪和原始人类生存息息相关，复杂情绪必须经过人与人之间的交流才能学习到，因此每个人所拥有的复杂情绪数量和对情绪的定义都不一样。

另外，经常从事羽毛球运动锻炼，在运动中享受成功的喜悦，承受挫折的压力，能够使情绪的适应性得到较大程度的提高，同时，以更积极的态度迎接生活的挑战、适应各种生活环境对调节羽毛球运动中的情绪也是较为有利的。为了保证理想的课程教学效果需要有针对性地采取一定的措施对其进行适当的调节，具体可采用的方法主要有以下几种。

1. 表情调节

表情调节是指个体通过改变自身面部表情与姿态表情来合理调节情绪。情绪状态与外部表情两者之间关系紧密，具体来说，情绪的变化会引起表情的变化，同时，表情的变化也会对情绪状态产生适当的调节，比如，通过手搓面部，可以使面部放松，这对于紧张焦虑情绪的改善有所助益；有意识地微笑，能够使心情沉重、情绪低落的情况得到有效的改善；等等。由此可以得出，表情的变化往往能够改善个体的不良情绪。

2. 表象调节

这种调节方法，实际上就是通过对表象的调节来达到控制情绪和行为的目的。一般地，对于羽毛球运动员来说，比赛中或者上场前，在脑中清晰地重现自己过去获得成功时的最佳表现，体验当时的身体感觉和情绪状态，对于获胜信心的增强、理想成绩的取得都是非常有利的。表象重现是一种积极的意念，它能够对植物性神经系统活跃起来，进而使心跳加快、呼吸加速，使新陈代谢过程的血流量加大，糖分解加速，热能供应充足，使全身增力感觉和增力情绪加强，产生较为间接的影响。

3. 暗示调节

从本质上来说，暗示调节就是通过运用适当语言来实现调节情绪的目标，手势、表情、其他暗号都能够对情绪起到调节作用。仔细观察能够发现，暗示现象被应用在日常生活的方方面面。

4. 呼吸调节

这种调节方法主要是通过对呼吸的频率、深度和方式的调节来达到有效控制情绪的目的的。不同的呼吸对情绪的控制是不同的。比如，在情绪较为紧张的时候，往往就会导致呼吸急促，这时候，就需要通过深沉的腹式呼吸，来稳定运动员的情绪波动。另外，当情绪较为低沉时，可以通过深呼吸来缓解这种状态。

（二）羽毛球运动对运动员的心理调节

参加羽毛球活动，能让学生提高判断力、提高竞争意识、提高意志力，从而增强自信心，有效克服他们的自卑心理。通过参加羽毛球运动的练习、竞赛，能让学生学会思考、学会运用头脑中的智慧、运用技巧和战略战胜困难，克服自己的弱点，同时能调节情绪，保持心理的稳定性，强化积极情绪。尽全力发挥自己的水平、展现自己的能力，体会掌握技术的成就感、比赛获胜的愉悦感，从而正确认识自己，改善自己的行为方式、思维方式和追求身心的健康。

（三）羽毛球运动员的个性心理

1. 性格

性格是个人对现实的稳定的态度和习惯化的行为方式，是个体个性的一个方面，是一种比较稳定的心理特点，但性格特征有其特殊的表现。详细来说，性格的特殊表现如下。

①性格可以将现实世界在人脑中充分反映出来，一定的思想意识和行为习惯也能够从个人对现实的稳固态度和采取某种行为方式上得到有效的表现。

②性格属于一种相对稳定但又存在变化的倾向，其集稳定性、一贯性、变化性于一身。

2. 气质

人的心理活动的稳定的动力特征，就是所谓的气质。不同气质类型的行为表现也会存在一定的差异性。对于羽毛球运动教学来说，了解个体的气质类型具有重要意义。从某种程度上来说，气质类型是个体进行运动的心理依据，不同人所具有的气质是有所差别的。

3. 能力

详细来说，能力不单单是个体高质量完成某项活动所必须具备的心理特征，还对个体掌握运动技能、提高运动成绩发挥着基础性作用，其主要由观察力、记忆力、想象力和注意力等组成。人与人之间的能力是存在一定差异的，这与人本身特点的不同有着根本的联系。具体来说，其主要表现为能力类型、能力发展水平、能力表现早晚等各个方面的差异。因此，在羽毛球运动教学的实践中，运动员一定要以自己的个人能力为主要依据，合理地进行训练，从而使运动技能水平得到有效的提升。

第二节　现代羽毛球技术教学的创新趋势

一、羽毛球技术发展回顾

综合分析羽毛球技术的发展历程，得出羽毛球技术发展主要由开创时期、全面发展时期以及逐步成熟时期组成，各个时期的发展概况如下。

（一）开创时期

羽毛球发源于日本，出现在印度，诞生于英国。20世纪50年代，欧洲羽毛球队称霸羽坛，囊括世界各大赛事冠军，涌现出众多的羽毛球名将。20世纪60年代美国羽毛球队异军突起，成为唯一能与欧洲羽毛球队抗衡的生力军。在世界各大赛中，美国羽毛球队曾获得3次尤伯杯冠军，1次汤姆斯杯冠军。进入2000年，印度尼西亚、马来西亚、中国等国家的羽毛球队纷纷崛起，在奥运会、尤伯杯、汤姆斯杯等赛事中摘金夺银。欧洲各国的竞争优势消失，逐步确立起以亚洲为中心，中国为主导，各国百花齐放的新时期羽毛球发展新格局。在2013年10月国际羽联公布的最新排名中，世界男子单打前十名中，亚洲国家占据九席，欧洲国家仅一席（丹麦）且位列第七；世界女子单打前十名中，亚洲国家占据九席，欧洲国家仅一席（德国）且位列第四。由此可见，世界羽坛的重心由欧洲转移到亚洲。

直到1939年，丹麦、加拿大等国家选手以良好的体力和进攻型战术向英国选手发起了挑战，这才打破了英国选手称霸羽坛的局面，在第36届全英锦标赛上，英国选手仅获一枚混双金牌；第37、第38届全英锦标赛冠军全被丹麦选手夺去。

（二）全面发展时期

20世纪50年代至60年代中期，是羽毛球的技术与战术全面发展的时期，男子技术优势从欧洲全面转向亚洲，形成了亚洲人在世界羽坛上称雄的局面。50年代，以马来西亚、印度尼西亚为代表，他们主要以拉、吊来控制球的落点，主要代表人物是马来西亚的王炳顺、庄友明。他们使马来西亚接连三次获得汤姆斯杯赛冠军，包揽了1950—1957年第八届全英羽毛球锦标赛单打冠军和1951—1954年四届双打冠军。

从1958年开始，羽毛球技术开始向快速、灵活的方向发展，以印度尼西亚的陈友福为代表，以较快的速度运用下压抢网和加强扣杀上网的技术打败对手，从此开创了印度尼西亚控制世界羽坛的局面。

1958年9月11日中国羽毛球协会在武汉成立。1981年，中国选手在美国第一届世界运动会的羽毛球比赛中夺得了男单、女单、男双和女双四项桂冠，从此拉开了中国队崛起的帷幕。

1981年5月，世界羽毛球联合会重新恢复了中国在国际羽联的合法席位，从此揭开了国际羽坛历史上新的一页，进入了中国羽毛球选手称雄世界的辉煌时代。在1988年汉城奥运会上，羽毛球被列为表演项目，1992年巴塞罗那奥运会，羽毛球被列为正式比赛项目，1996年亚特兰大奥运会上，羽毛球混双打被列为比赛项目。从此羽毛球运动进入新的发展时期。

（三）逐步成熟时期

20世纪80年代，世界羽坛技术与战术向快速进攻、全面、多变的方向发展，世界名将都在不断发展自己的打法特点。他们各有所长，水平高而实力相当，但漏洞明显。具体来讲，以中国、印度尼西亚、印度、马来西亚、韩国为代表的亚洲选手的特点是速度快、步法移动积极，争取高点击球，技术动作完成幅度小而快，进攻意识强，善于快攻、发球抢攻和快速突击，这不仅提高了控制和反控制能力，把平高球和吊球也作为进攻的手段运用，而且使进攻的内容更加丰富和全面，更新了过去单调的杀上网的快攻打法。

欧洲以丹麦为代表的打法特点是技术全面，后场控制与反控制能力强，特别是反手技术打法稳健，在力量大、体力好的基础上提升了速度和进攻技术。其体现在下肢移动速度加快了，特别是上网步法，掌握了网前的高点搓球和推球技术；另外还掌握了亚洲选手的特长——头顶杀球，从而争取主动，增强了威胁。打法上在原有打拉吊的基础上，加快了速度，加强了进攻，不但能应付亚洲的快攻打法，本身还能打快攻以及拉吊突击和守中反攻等。进攻的特点是以控制对方后场创造条件抢网和进攻，有时根据战术的需要还能打下压抢网的快攻打法。

20世纪80年代初，羽坛代表人物有林水镜、韩健、苏吉亚托、普拉卡什、弗罗斯特、陈昌杰等。最为典型的是林水镜，他打球速度快、进攻狠，而费罗斯特、韩健则以控制对方后场的进攻、加强防守、创造条件抢攻而闻名。

20世纪80年代中后期，羽坛代表人物有杨阳、赵剑华、熊国宝、罗天宁、阿迪、魏仁芳、拉·西德克、朴柱奉、拉尔森等。杨阳、赵剑华将快、狠、准的打法发展成拉吊进攻和变速突击的打法；阿迪、魏仁芳发展了技术全面、快速、准确的打法。

20世纪90年代，随着羽毛球运动成为奥运会正式比赛项目，运动员们的技术达到了炉火纯青的地步，而新的技术又开始形成。印度尼西亚年轻集团军和韩国凶狠拼搏的作风、马来西亚西德克兄弟的拉吊技术以及中国以吴文凯、刘军为代表的快攻型打法在世界羽坛上各领风骚发展至今。

二、羽毛球教学的现状分析

（一）良好的发展形势

随着我国高等教育不断地改革深入，体育教育成为提升综合国力的关键。羽毛球教学的质量是实现羽毛球人才培养目标的重要影响因素。虽然，羽毛球运动不需要太大的场地设施，是一项简单又具有时尚魅力的活力运动，但是，随着羽毛球运动的迅速发展，专门学习羽毛球的人也在迅速增加，高校开始极力顺应这种趋势，因而加大了羽毛球专业招生的力度。一时间羽毛球学习的人员迅速增加，羽毛球教学呈现出了蓬勃向上的良好发展势头。

（二）教学中存在的问题

在羽毛球教学表面呈现良好发展势头的同时，实际教学中的一些问题也显露了出来。高校开设羽毛球课的目的不仅仅是培养运动员，还可以提高国民素质、增强国民健康体质。因而教学活动中的任何闪失都会影响到人才的培养。

1. 生源素质参差不齐

我国学校教育培养的对象是全部学习主体，因而课程设置和教学过程中更强调的是统一标准。然而，由于学生来自祖国的四面八方，羽毛球的基础水平并不一样，素质上参差不齐。参差不齐的素质在标准一致的教学中，其弊端显现无疑，影响到了羽毛球教学的发展。

2. 单一化的羽毛球教学内容

当前的普通高校，并没有统一的羽毛球教材，很多都是根据自身情况而选择相对合适的版本，不过这些教材内容过于丰富且理论性较强，所以并不适合普通高校的学生。但是，所选择的羽毛球教材内容动作单调重复而又没有一点理论性，往往又会使学生产生厌倦、无所谓、兴趣降低等消极现象。为此，笔者认为，羽毛球教学首先要安排步法学习，然后安排基本技术动作手法的学习，最后再安排战术运用的学习，使学生有一个循序渐进的学习过程。

3. 练习内容的过分单调

羽毛球运动能力的培养是一件需要长期刻苦训练的事情。当前羽毛球教学中在练习内容上过于单一，致使原本苦累的训练变得更加枯燥无味，结果导致学生产生厌烦心理，失去训练的积极性，影响到训练的效果。

4. 高水平的羽毛球教师较为缺乏

羽毛球专业在我国体育院校内开设年限还不长，培养的学生人数有限，当然羽毛球专业的研究生或者是羽毛球水平较高的体育研究生更是少之又少了，也因此造成了普通高校中严重缺乏羽毛球专项教师。教师如果对羽毛球的基本技术和教法只是肤浅地了解，那就难以提高羽毛球教学质量。

5. 考试方法不够科学

考试是任何学校教学中必须进行的一个环节，羽毛球教学也不例外，考试进行的效果如何，会对教学效果产生较大的影响。当下羽毛球教育在考试中存在过分强调技巧而忽视能力的情况和一刀切的问题，从而忽视学生的个体差异和个性发展。这种机械化、规范化的考试，不利于学生的身心发展。

6. 部分高校相对缺乏羽毛球教学场地

高校在推行了学生自由选修体育项目后，学生选择球类项目的居多，其中羽毛球项目特别受学生的欢迎。通过分析调查结果发现，在我国高校中拥有室内羽毛球场的较少，即使是有也是与排球场、篮球场共用，大部分高校都仅有室外场地，并且数量也十分有限，很难保证教学的正常使用。在课堂教学中，一般情况下每个班的学生是40名左右，所以在学生练习时至少要保证每10人一块场地，而在同一节课全校应该有十多个班级上课，可见羽毛球场地的需求量之大。

三、解决羽毛球教学中存在问题的对策

教学中存在的问题如果不能及时解决的话，势必会影响教学工作的顺利进行和人才的培养。科学合理的教学方法，可以有效提高羽毛球的教学效果。

（一）生源素质的差别

生源素质的参差不齐，导致学校教育不能够实行统一的安排，这给学校教育带来了很大麻烦。要有统一的教学安排才能促进教学的顺利进行、促进羽毛球人才的培养和国民体质的增强。要想统一学生基础，并不是限制基础差的学生入学接受教育，而是要分地区、分层次，将不同基础的学生纳进不同的高校，从而有利于学校统一安排教学。

（二）加大场馆设施上的投入力度

场馆设施上的投入不足直接影响羽毛球教育发展，因而解决这一问题应当从多个方面入手。加大对场馆设施建设的投入，既要靠国家加大此方面的财政投入，同时又要学校尽可能地增加投入。在场馆设施建设不能及时跟上招生规模扩大的步伐时，学校应当坚持宁缺毋滥的原则，以暂时缩小招生规模为代价，缓解人与物之间的矛盾。

（三）创新教学模式和手段

羽毛球教学内容突出系统性，努力发展学生个性。教师在选择羽毛球教材时要充分分析学生的实际情况，选择符合学生基础的教材，其宗旨是培养

学生的羽毛球学习兴趣，其内容必须具有一定的技术性和知识性，同时还要有增强学生体质的实效性。羽毛球教学内容的难易程度也要适中，使学生通过自身努力能够充分理解，从而使学生在内心产生积极体验的冲动，也在心理上产生对羽毛球强烈的需求感，同时也产生浓厚的学习羽毛球的兴趣。教师在教学过程中，将突出学生战术运用的学习作为羽毛球教学内容的重点，同时还要把基本技术和步法的教学结合在一起，基本技术与战术运用结合在一起，以帮助学生建立和理解羽毛球运动比赛的基本概念，使其在理解的基础上掌握相应的动作技巧，这既培养和提高了学生学习羽毛球的兴趣，也提高了学生的战术运用水平。

（四）丰富教学内容

羽毛球教学重视体能的锻炼和能力的培养，因而在课程设置上需要大量的丰富的新颖的手段。可以通过研究新的教学内容，利用新的教学手段，一方面加强学生的体能和技能的训练，另一方面也不至于使学生感到练习枯燥而失去学习兴趣。可以通过将其他体育项目锻炼体能的先进方法借鉴过来，从而使羽毛球教学内容变得丰富多彩而充满乐趣。

（五）建立科学的考试模式

考试历来是检查学生学习情况的重要手段，同时对学习也有很大的导向作用。建立科学合理的考试模式有利于促进羽毛球教学的顺利进行，激发学生学习和训练的积极性。在进行考试时，教师应当分层次具体进行，兼顾所有学生的个性，同时重视学生能力和素质的评估。

四、羽毛球技术的创新趋势

现代羽毛球对运动员的身体能力和速度要求很高，日后的比赛和训练将逐渐发展成为有个人特色的快速突击技术。从现代女子羽毛球的发展趋势来看，要求选手必须具有充沛的体能和较高的身体素质，始终在高速移动的状态下完成技术动作的使用、实施以及争取主动的机会，从而高质量地完成整个比赛。

总体来说，当今羽毛球比赛运动员在发球技术的运用上主要采用反手发网前球，并以争夺前半场为主；在接发球技术的使用上为了避免给对方直接进攻的机会，主要以搓放小球、挑球和推球为主，而前场技术则以过渡性的挑球和搓放网前球技术为主；平抽快挡仍是比赛中使用率最高的中场技术；而后场技术的使用率最高的杀球技术，体现出极强的攻击性并能控制对手的主导思想。其主要呈现以下几个方面的特征：

（一）进攻性日益增强

通过对新赛制下苏迪曼杯决赛分析可以看出，无论男女在比赛中的进攻性技术的使用次数增多。与旧赛制下以拉吊打法为主，甚至为了求稳而放弃进攻，积极进攻意识薄弱相比，新赛制下男女选手的进攻性明显增强，尤其在中后场表现突出。中场平抽快挡技术以及后场杀球、吊球和高球技术的运用，都具有较强的进攻性，这说明当今比赛已经不只求稳，而更加注重主动进攻。即使在处于被动状态时仍采用较积极的进攻性技术，来伺机寻求主动进攻的机会。

（二）网前争夺日趋激烈

通过对新赛制下苏迪曼杯决赛的观察与统计分析推测出，新赛制下羽毛球比赛网前的争夺将日趋激烈。新赛制下无论是单打、双打还是混双选手为了限制对手进攻的同时为自己创造主动进攻机会而采取的主要发球技术都是反手发网前小球。而接发球技术的运用，常受到发球方发球技术的制约，所以从接发球开始接发球方就积极地抢网放网前球，并积极封网，多采用搓放、推球技术。这也使得网前成为选手争夺的焦点，前场区域的争夺也越来越激烈。

（三）攻防转换速度加快

从大量的实战大型赛事中我们发现，亚洲选手更加注重全面技术的发挥，以拉吊结合为主，利用自身灵活性向对手展开变速突击。选手出手动作迅速，全场步伐清晰，起动速度快，这对击球瞬间的初速度要求严格。对运动员的自身综合能力要求较高，无论是从力量上还是移动速度上都要加强训练。运动员要攻守自如，被动变主动的能力要提高，控制对手和反控能力要强；加强力量和速度训练，比赛中要多打进攻球，积极主动地运用杀球、扣球和网前扑球等技术；击球落点准确、尽量减少失误，侧重对网前技术的运用，以上技术转化已成为现代高水平女子单打运动员获取进攻机会和得分的主要手段。欧洲选手，骨骼宽大，她们擅长利用自身身材高大有力的特点，打法逐渐由被动转向强调进攻、突出发球抢攻、下压控制网前为主，以上这些也是欧美国家女子羽毛球技术的发展方向。所以现代女子羽毛球技术发展总结为，更熟练更合理地掌握和运用自身优势技术、更敏锐更准确地捕捉和把握场上机会、更简洁更快速地掌握场上移动方式，以提高自身的综合技术能力。

(四)后场强调下压

现代羽毛球运动中,男子单打运动员在使用后场技术上,杀球技术是最主要的进攻方式,运动员在有主动情况下的高球采用下压方式处理,以轻杀和点杀为主。现代男子单打比赛强调击球的连贯性,因为高水平运动员的防守能力较强,很难有一两拍直接进攻得分的情况,通过下一拍的衔接得分,是优秀运动员所需具备的基本素质。

近些年来,后场杀球的使用率在比赛中有所下降,劈球和抽球使用率则有所提升。现代羽毛球高水平比赛中,运动员的身体素质和技术水平都有了很大提高,传统比赛中通过四边球的调动来获取进攻机会已不太可能,因此,运动员在比赛中,通过快速地回击球和大线路的变化,是获取进攻机会的主要手段,一般情况下,平高球结合劈吊与杀球的处理方式使用率最高,并且平高球的落点与劈吊和杀球的落点拉得越开越好,这对现代羽毛球运动员的技术稳定性提出更高的要求。吊球在比赛中使用频率也非常高,主要是现代羽毛球运动员更偏向于使用拉吊突击型打法,这虽然在一定程度上降低了比赛观赏性,但随着运动员防守水平的提升,其实用效果是显而易见的。虽然,国际羽联也开始寻求赛制的改变,以提高羽毛球比赛的观赏性,但在目前的赛制情况下,拉吊突击打法还是主流。通过对比赛的录像分析还可以看出,运动员在吊球的使用上,更多的是快吊球,在双打比赛中可以看到运动员假动作的慢吊球,追求贴网为自己创造更好的杀球机会。但在现代羽毛球男子单打比赛中,慢吊球几乎是没有意义的,因为优秀运动员脚下步法技术的提高,使得慢吊球打法的使用可能起不到打乱比赛节奏的目的,反而容易让自己陷入被动。

(五)动作更隐蔽,技术更细腻

每球得分制的实施,使得选手们都要最大限度地做到每球必争,减少主动失误。日益激烈的比赛要求运动员技术动作手法更加细腻,方法更加多变,技术更加全面。如在发球技术和后场技术的使用上,就充分体现出了此发展趋势。反手发球技术具有引拍幅度小、发力突然、富于变化的特点。因此,发球发力的突然性、发球手法的变化、发球的线路、球速的快慢和球体的翻转,都会给对手的接发球造成困难。但与此同时也要求选手的技术更加细腻与精准。所以技术动作更具隐蔽性和更加细腻将是羽毛球技术的一大发展趋势。

第六章 现代羽毛球运动战术教学的创新发展

羽毛球战术是指羽毛球运动员在比赛中表现出的高超竞技水平和战胜对手而采用的计谋和行动。在很多情况下,羽毛球战术对羽毛球比赛的输赢有着决定性作用,所以说构建与创新羽毛球运动战术教学体系有很大的必要性。本章对现代羽毛球运动战术教学和现代羽毛球运动战术教学的创新趋势进行阐析。

第一节 现代羽毛球运动战术教学

一、羽毛球单打进攻战术教学

(一)发球抢攻战术

发球不受对方干扰,只要在规则允许的范围内,发球者可以随心所欲地以任何方式发到对方接球区的任何一点。采用变化多端的发球战术,常常能起到先发制人、取得主动的作用。因此,发球在比赛中占有重要地位。

1. 发远高球抢攻

发远高球是单打中常用的发球方式,要求把球发到对方端线处,迫使对方后退还击,给对方进攻制造困难。发高远球虽然弧线高,飞行时间长,但由于离网距离远,球从高处垂直下落,后场进攻技术差的对手较难下压进攻。

2. 发平高球抢攻

发平高球,球的飞行弧线较低,但对方仍然必须退到后场才能还击。由于球的飞行速度快,对方没有充裕的时间考虑对策,回球质量会受到一定的影响。对球飞行弧线的控制,应看对方站位的前后和人的高矮及弹跳力而定,以恰好不给对方半途拦截机会为宜。落点的选择基本与发高远球相同。

3. 发平快球抢攻

发平快球和网前球配合,争取创造第三拍的主动进攻机会。发平快球属于进攻发球,球速很快,作为突袭手段如运用得当,往往能取得主动。

4. 发网前球抢攻

发网前球能减少对方把球往下压的机会，发球后立即进入互相抢攻的局面。把球发到前发球内角，球飞行的路线较短，容易封住对方攻击自己后场的角度。发球到前发球线外角位能起到调离对方中心位置的作用。

（二）接发球抢攻战术

接发球虽然处于被动、等待的状态，但由于发球时受到规则诸多的限制，使发球者不能给接发球者带来太大的威胁。发球者发球只能发到对角线的接发球区内，而接发球者只需防守半个不到的区域，却可还击到对方整个场区。所以，接发球者若能处理好这一拍，也可取得主动。

1. 接发高远球、平高球

接发高远球、平高球时，一般采用平高球、吊球和杀球还击，尽量使对方变得被动，破坏对方的回球质量。平高球可以以最快的速度、最短的距离到达远离对方的后场，在杀球和吊球时，速度快、方向不定，不能充分击球，对方不能掌握回球的路线，这样就会略胜一筹。

2. 接发网前球

根据对方发球情况以及对方发完球时的站位情况，可以挑后场、放网前、勾对角、平抽，如果球发高了可以上网前扑球。由于是接发球，可自己掌握球的方向、速度以及临场战术。

3. 接发平快球

平快球的球速快，突然性强，但是弧度低，如果准确判断出对方的意图，随时做好准备，借用对方的发球力量点，快杀空当和追身最好，也可借力轻挡网前两个角。

（三）单项技术进攻战术

单项技术进攻主要指运用各种单项技术的重复来组织进攻。在实战中要想运用单项技术来重复组织进攻，首先要掌握好不同单项技术的基本功，使单项技术的运用具有威胁性。

1. 平高球技术进攻

（1）重复平高球进攻

这种单项技术进攻是通过重复使用平高球来进攻对方同一后场区域，甚至是连续重复数拍，使对手无还击之力或逼对方击出高球，以使自己能够更好地击球。这种进攻战术对回动上网快、控制底线球能力差以及侧身步法较差的选手很容易奏效。

(2) 拉开两边平高球进攻

这种单项技术进攻是指连续运用平高球进攻对方后场底线，当然，也可以运用挑球来完成动作。不管是平高球还是挑球，都是为了获得主动权；或逼对方采用被动技术还击，以利己方进行最后一击。这种进攻战术要求击球方能够控制高球的出手速度、准确地击球和动作的协调一致，且对付回动上网快、在两底线时攻击能力较弱的选手效果明显。

2. 吊球技术进攻

（1）重复吊球

这种单项技术进攻是向两边或一边重复吊球，以求获得攻击的主动权。这种进攻战术对进攻方吊球技术的要求较高，吊球时能够运用假动作，并保持吊球假动作与吊球动作的一致性。可用于对付上网步法差或是打底线球不到位又很着急往后退去防守杀球的选手。

（2）慢吊与快吊进攻

所谓慢吊是指球从后场吊球至网前的速度较慢，弧度较大，球的落点距离网比较近的一种近网吊球，也叫软吊。采用慢吊技术进攻，最好与平高球技术相结合运用，这样就可以拉开对方的站位了，有时还可以直接得分。

快吊是指球快速地在后场吊球，然后到网前的速度较快，出球基本成一条直线，落点远离网的一种远网吊球，也叫劈吊。这是在对方站位拉开而身体重心失去控制的一瞬间所采用的一种进攻战术。

3. 杀球技术进攻

（1）重复杀球进攻

如果遇到的对手是在防守时习惯运用反拉后场球技术的话，己方就可以运用重复杀球进攻战术。运用这种进攻战术的时候，首先要知道对手是否有这种习惯，如果他有这种习惯，己方就可以使用轻杀或短杀进行组织进攻，同时在杀球后保持稳定，不要急于上网，要及时调整好自己的状态和站位，以利于完成连续重复杀球的进攻。

（2）长杀与短杀结合的进攻

长杀是指杀球时把球的落点杀到对方发球线附近位置的球；短杀则是指杀球时把球的落点杀到中场附近位置的球。在进行杀球的时候，有意识地将球的落点进行变化，组织"直线长杀，对角短杀"的进攻。这种进攻比起无落点变化的杀球或者是直线短杀、对角长杀而言，其效果会更好，因为"直线长杀结合对角短杀"的进攻可以使对方在接杀球时需要在场上进行较大的运动，同时也给对手造成了防守上的困难。

（3）重杀与轻杀结合的进攻

半场重杀、后场轻杀就是这一进攻战术的概括。在赛场上，如果因自己使用拉吊的形式创造出可以进攻半场球的机会时，需要采用重杀战术。同样的，如果对手把球打到己方后场，可以采用轻杀进行还击。

4. 搓球技术进攻

当碰到对方上网搓球之后习惯很快退后的对手时，己方就可以不断地使用搓球战术，以获得主动的机会及达到破坏对方后退进攻的意图。

（四）组合技术进攻战术

1. 以平高球开始组织进攻

所谓快拉快吊组合突击的打法，实际上就是以平高球开始组织进攻的战术。单打比赛中，一个球的争夺一般有三个阶段，即控制与反控制阶段，主动一击阶段以及最后致命一击阶段。例如，己方从正手后场以直线平高球攻击对方头顶区，对方想摆脱被动局面反打一对角平高球，企图让己方回击直线高球、恢复其主动地位。此时己方反压对方头顶区（采用重复平高球战术），逼对方回击一直线高球，而且移开了对方的中心位置，获得了主动一击的战机，并迅速地采用吊劈对角球，从而控制整个局面。此时，对方很被动地接回一个直线网前球，己方判断对方只能这样回击，很快上网做了个搓球的假动作后迅速地推一直线球造成对方被动回击一直线半场高球，形成己方最后一击的形势。己方大力杀中路身上球，对方1~2拍属控制反控制阶段，3~4拍属主动一击阶段，5~6拍属致命一击阶段。在进行控制反控制争夺主动权时要稳、准、狠，一旦获得主动一击战机之时要快、准，在最后一击时要快、狠，在处理每个球时，要清醒地判断自己所处的情况，不应混乱三个阶段来处理球。如还未获得主动一击的情况下，不应采用主动一击的行动，更不应采用最后一击的行动，总之，在每一个回合的争夺战中，要理智地处理每个阶段的球。前面说的是不能超越阶段处理，可是，如已处在主动一击时而不采取主动一击的行动，或已处在最后一击情况下而不采取最后一击的行动，都是不对的，都会造成被动或失去主动权。

采用平高球开始组织进攻的战术，必须考虑如下几个条件：首先，自己具备较好的平高球控制能力，并具有一定的防守能力；其次，对方的后场进攻能力不是太强，不是一个抢攻型对手；最后，对方的步法移动有弱点，通过高吊可以控制对方，否则难以取得比较满意的效果。

2. 以吊杀控制网前组织进攻

吊杀控制网前进攻战术，就是以吊劈开始组织进攻的战术。其中有吊上网搓创造突击进攻战术、吊上网推创造突击进攻战术、吊上网勾创造进攻战术、吊杀进攻战术等。采用这种战术的条件：第一是自己要有较好的吊球技术；第二是对方上网能力较弱；第三是对方后场进攻威力很强，为了不让对方发挥优势而采用这种战术。

3. 以杀劈开始组织进攻

以杀劈开始组织进攻的战术，是抢攻型队员的典型战术。采用此战术打法须具备良好的速度耐力、较好的杀劈上网控制网前的技术和步法，是一种威胁性很大的战术。在20世纪60年代以方凯祥为代表，但目前已很难看到我国优秀羽毛球运动员中有这种打法。而在印度尼西亚羽毛球运动员中却有不少人使用这种打法，以阿尔比为代表，其特点是以快速杀劈上网搓、推或勾控制网前球，创造第二次杀劈机会。采用这种打法的队员只要有机会，就会采用杀劈战术。

4. 两边勾球技术组织进攻

当运动员勾对角线球时，对方会来一次直线搓球，而在这时他们的步法也后退了，当对方再想要进攻时，我们还可以再进行一次勾对角线球。当然，这种战术并不适合所有的选手，只有用在转体比较差的选手身上才能够取得胜利，所以在选用这种技术时，要根据实际来操作。

5. 推球技术组织进攻

在比赛时，如果碰到对手为了拦截在网前的球而从后场跑到前场时，我们就可以采用重复推球进行还击。而利用这种战术，在反手网前推直线球时会出现更大的危险。

（五）线路和区域进攻技术

1. 对角线路进攻

对角路线的进攻是指在回球时无论采用什么技术，都以回击对角路线来组织进攻。特别是当对方击来直线球已方以对角路线球回击时，对转体差或慢的对手是很有效的一种进攻战术。例如，对方打直线球，己方以对角路线球回击，如果对方击斜线球，己方还回对角路线球。当然，采取此战术进攻时不能过于死板，以免被对方发现己方回球的规律，造成不利于己方进攻的局面。

2. 三角线路进攻

三角线路进攻是指当对方击直线球时，己方就以对角球回击；当对方击对角球时，己方就以直线球回击。这种三角路线进攻的特点是，可以使对方移动的距离最大，难度也大。只要能准确地判断对方的回球，采用"三角路线"就是一种较有效的进攻战术。

3. 攻后场反手区进攻

采用攻后场反手区的进攻战术要有针对性，当对方后场反手区有较大的弱点，如侧身步法差、回击头顶球之后位置容易被拉开、反拍技术差、头顶区球路死板对己方构不成太大的威胁等因素存在时，己方采取攻后场反手区的进攻战术成功率就会较高。

4. 攻后场正手区进攻

当对方后场正手区有较大的弱点，如正手侧身步法差、回击正手区球后位置容易被拉开、正手区球路对己方构不成太大的威胁等因素存在，此时，己方采取攻后场正手区的进攻战术效果会较好。

5. 攻后场两边底线进攻

采用攻后场两边底线的进攻战术是仅当对方后场两边有较大的弱点，如后退步法慢、后场手法差、进攻能力和防守能力都较弱，此时采用重复压对方两底线战术效果较好。

6. 攻前场区的进攻

当对方前场区较弱，如上网速度慢、步法有缺陷、前场手法差、从前场击出的球路及质量对己方威胁不大时，采用攻前场区的进攻战术效果较好。

二、羽毛球单打防守战术教学

防守战术具有一定的原则，"积极防守""防守反攻"，而不是"消极防守"。因此要达到"积极防守""防守反攻"的目的就要在处于防守状态时，通过调整战术，进而使自己在整个比赛局势中变被动为主动，取得赛场上的主动权。但这也同样需要一些技术，比如说技术要领熟练、步法灵活准确、反应能力迅速、反手能力强等。同时也应该能够很好地进行反挡底线球、勾对角球、挡及反抽球等，这样才能使"防守反攻"和"积极防守"的战术发挥出更好的效果。

（一）打两底线高远球防守战术

打两底线平高球属于进攻战术，而打两底线高远球属于防守战术。在运用平高球与高远球时，要记得两者的区别不能将两者混淆了，因为他们代表着进攻与防守。这样，就可以在进攻时采用平高球战术，防守时采用高远球战术，否则就会出现混乱，达不到想要的效果。

（二）勾对角网前斜线结合挡网前直线半场球

一般，在防守中，大都采用勾对角网前球战术加挡直线战术，因为这样可以使防守战术更加坚固且灵活，也能加大对对手的威胁。当然，这需要运动员有极强的意识、判断力和反应能力，能够在球来时迅速判断球的落点，并积极做出反应。

三、根据对手情况的单打战术应变

（一）根据对手步法的战术应变

①起动、回动慢的对手。由于对手起动、回动慢，因此己方应采用以快拉快吊突击进攻为主的战术。要慎用或不用重复战术。

②起动、回动快的对手。由于对手起动、回动快，因此己方采用各种重复战术比采用拉开战术会有更好的效果。

③上网快、后退差的对手。这种对手一般情况下控制网前球的能力较强，而控制两底线球的能力较弱，特别是上网后的后退能力就更差。因此，己方采用先引他上网再推或快拉两底线球的战术比较有效。

④低重心差的对手。这种对手一般防守能力较差，己方应多采用以杀劈、吊为主的战术。总之，多打对方下手球，让对方必须降低重心去接球，以便暴露其弱点。

⑤侧身转体能力差的对手。对付这种对手，应多采用对角球战术，特别是劈杀对角球路会有较好的效果。这种战术打法对付步法起动慢、侧身转体技术差的欧洲选手较有效。

⑥正手后退步法差的对手。己方采用以攻正手后场区为主的进攻战术较有效。

⑦头顶侧身后退差的对手。己方采用以攻头顶后场区为主的进攻战术较有效。

⑧两边上网步法差的对手。己方采用以重复吊两边为主的进攻战术会较有效。

（二）根据对手手法的战术应变

1. 手腕闪动慢、摆臂速率慢的对手

这种对手由于手腕发力差、摆臂慢，其击球一般要有一定的摆臂及闪腕发力的时间，否则就很难把球打到底线。因此，己方采用以发球抢攻为主的战术，特别是发平射球后采用打平推身上球的战术逼对方打平快球，就可充分暴露其弱点。

2. 防守近身球手法差的对手

遇到这样的对手，当己方获得致命一击的机会时，一定要采用以杀追身球为主的战术，这样效果较好。

3. 网前手法不稳的对手

对付这样的对手，用以攻前场区为主的战术效果较好。当对手打网前球时，己方尽量多用重复搓和勾球的战术，大胆与其斗网前球。当对方打后场球时，己方要尽量多打吊劈球，以尽快控制其网前。

4. 手法尖锐但不稳的对手

遇这种对手时，己方首先要付出很大的精力防守对方突出的几拍进攻球。在无把握的情况下，不能随意乱攻，因对方手法突出，乱攻必然出现漏洞，会遭到对方致命打击。因此，只要能多坚持几拍，就有可能逼使对方失误。但是，如果己方也是进攻型打法且不善于防守，那么就得"先下手为强"了。

5. 手法不尖锐但稳的对手

这种对手一般防守能力较好，己方在进攻时不要太冒险，太勉强。首先，在进攻中要先稳后狠，快中求稳。如果稳不住，对方无须反攻就能因己方的频频失误而获胜。因此，对付这种对手时要有足够的耐心，要有足够的体力和毅力，再加上合适的战术球路，才能战而胜之。

6. 后场手法不凶的对手

对付这样的对手，要用以攻后场区为主的进攻战术，尽量多采用平高球或高远球控制其后场区。如果己方被动，则尽量少打网前球，多打后场过渡球，以利防守并转入反攻。

7. 反拍及头顶手法差的对手

对付这样的对手，己方应多采用以重复攻反手后场区为主的战术，逼对方以其弱点打球，这样效果较好。

（三）根据对手身体的素质采取战术

1. 身材高大的对手

首先要注意对方杀上网这一优势，当对方采用杀上网时，要在守得住的基础上，以勾两对角球来阻挠或破坏其优势的进一步发挥，这样可抓住对方转体与步法不灵的弱点。当己方控制局面时，则应采用打侧身转体的球路，杀劈、勾的球路会较有效。

2. 身材矮小的对手

对付这种对手，采用重复拉开后场两边以及快速高吊为主的进攻战术，都有非常好的效果。个子矮小并不等同于后场攻击能力差，也可能会有后场攻击能力强的选手，当遇到这种选手时就必须多采用下压战术来限制对方的后场攻击力的发挥。

3. 速度快但耐心差的对手

面对这一类型的对手时，要尽最大努力与其周旋，多打几个回合，逼使对方暴露其耐力差的弱点，如此其速度快的优点就失去了优势，便可抓住其失误而得分。

4. 速度慢但耐力好的对手

面对这一类型的选手不能跟着对方的节奏打，应采用快速高吊突击进攻为主的战术，破坏对方的节奏，特别是变速突击进攻更为有效。

5. 灵活性差的对手

面对这一类型的选手，己方应采用假动作击球为主的战术。由于对方协调性、灵活性较差，一旦受假动作迷惑，重心很难及时调整，进而造成身体不到位或失误。

（四）根据对手心理采取战术

1. 情绪不稳定的对手

针对这类选手，己方应有意识地运用一些动作、球路、表情态度去激怒对方，从中渔利，这是很巧妙的心理战术，如能应用得得心应手，便可以获得意想不到的效果。

2. 易受对方情绪影响的对手

这种对手的特点是易受对手情绪的影响。当己方精神状态不佳时，他也会变得无精打采，可是如果己方认真比赛，他的认真劲儿也会表现出来。如碰上这种对手，己方就应充分利用他的这一弱点，装作无精打采，并抓紧有利时机进行致命一击，从而占得先机。

3. 易泄气的对手

这种对手一般是毅力较差，顺风球时没有问题，因此，一定要尽最大努力打好开局球，只要打好了这一阶段的球，就有可能使其暴露易泄气这一心理弱点。当对方心态已经不在正常状态时，己方就可以抓住有利的时机扩大战果，不给对方有喘息之机，一鼓作气打败对手。

4. 注意力差的对手

这一类型的选手由于注意力的转移能力差，易受假动作的诱惑。因此，己方应采用以假动作为主的战术，就能够打击其弱点。

5. 慢热型对手

由于这类选手不能尽快调动自己进入最佳竞技状态，所以开局的时候发挥不出最佳水平，此时，己方应做好准备活动，在开局阶段采用快速突击的战术，趁其状态不佳，占得先机。

6. 骄傲自大的对手

遇到这样的选手时，不能被对方的骄傲气势压倒，暂时落后时不能泄气，要增强信心，拼搏到底，就有可能在对方松懈之时迎头赶上，给对方造成极大的心理压力，从而战胜对手。

7. 易紧张的对手

碰到这样的选手首先应在心理上将其战胜，发扬敢打敢拼的作风，在气势上压倒对手，哪怕是在技术上并不比对手高明，也要下定决心拼搏到底。这种情况下就很有可能使对方紧张失控、步法移动僵硬，从而失误过多，为自己得分创造机会。

（五）根据对手打法的战术应变

1. 攻强守弱的对手

要集中力量攻其不善守的弱点，并且要付出很大的精力防住对方进攻的习惯路线，从战术上要抢攻在先，因此，发球抢攻战术和杀吊控网战术都是相当有效的。

2. 攻弱守强的对手

如果对手防守技术较好，己方不要在尚未控制好网前的情况下贸然发动进攻。要进攻就必须攻得准、攻得狠,并且还能上网控制网前,这样对方就难以抓到己方的弱点。

3. 不善分配体力的对手

这种对手一般是进攻型的选手,一开局就会发起快速抢攻或硬攻,想一鼓作气取胜。因此,己方如能在开局时顶住他的猛烈的攻势或多周旋几个回合,消耗其体力即可在关键时刻,从体力上战胜对手。

4. 球路变化不大的对手

这种对手最大的弱点就是不会根据赛场双方的情况来制定战术和组织球路,而是按自己较熟练的球路来组织战术。因此,赛前应充分了解对手情况;如不了解,也要在比赛中尽快熟悉对方的习惯球路,以便在比赛中找到战胜对方的办法。

以上介绍的是羽毛球单打的进攻与防守战术,以及根据对手情况制定的应变战术,而且只谈及原则的应变办法。须注意,战术、球路是千变万化的,不可能一成不变,应根据自己的具体情况、对手的情况,以及临场的具体情况去制定和采用更为切合实际的战术与球路。不能生搬硬套,最关键的是能灵活运用。

四、羽毛球双打进攻战术教学

(一)发球战术

1. 根据接发球方站位决定发球战术

目前接发球的站位法有4种,即一般站位法、抢攻站位法、稳妥站位法、特殊站位法。这些接发球站位的方式各有优劣,为了更好地运用发球战术,必须要对接发球者有一定的了解,这样才能够有针对性地将球发到最有威胁性的落点,达到攻其不备的目的,从而占得先机。

(1)一般站位法

一般站位法的特点是站在离中线和前发球线适当的位置,其目的是以稳为主,保护后场,对前场以推、搓、放半场为主。

发球办法:以发近网1号、2号区位为主,使对方不能集中精力于一点,因对方受接发球影响,不能打出较凶狠的球,这时主被动权取决于第三拍的回球质量。

(2)抢攻站位法

抢攻站位法的特点是站位很接近发球线,身体倾斜度较大,目的是要进行抢攻，威胁对方，以扑球、跳杀为主来处理接发球，此种站位法以男队进攻型打法的队员采用较多。

发球办法：首先要判断对方站位的目的，是要进行抢攻，还是要防守等，判断准确后才能采用各种发球手段来对付。己方发球应以质量为主，结合时间差、假动作，达到破坏对方抢攻的目的。

（3）稳妥站位法

稳妥站位法的特点是站位在离发球线远一些的位置上，身体成站立式（倾斜度较小）。这种站位法要求把球发过去，是进攻意识较差的一种过渡站位法。

发球办法：不要发高球，以网前球为主，因对方站位离线远、起动慢，发近网球有利于第三拍的反攻。

（4）特殊站位法

一般站位以右手握拍为例，左脚在前，右脚在后，但特殊站位法改为右脚在前，左脚在后。这种站位法一般以右脚蹬跳击球，不论是上网或后蹬均以一步蹬跳击球。

发球办法：当己方还不了解对方改变站法的目的及优势时，要以自己为主发球，尽快掌握对方的目的及优势，从而制定有效的发球战术。

2. 根据对手打法弱点决定发球技术

通常，如果对方后场进攻能力强，球路刁钻，但接网前球相对较弱，此时就应以发网前球为主，有意识地限制对手发挥其后场进攻技术的优势。如果对方网前技术动作的一致性强，对己方威胁大，此时发球就应避开对方这一优势，以发后场球为主。

调动队形的发球战术：对方情况是，乙1后场进攻能力较强，网前封网一般，其打法需要乙1在后场、乙2在网前的队形，以利于发挥对方的优势。

发球对付办法：考虑当乙1接发球时，以发网前球为主，当乙2接发球时，以发后场球为主，以便一开始就把对方的队形调动成乙1在前，乙2在后，不利于对方发挥其优势的队形。

避开特长、抓住弱点的发球战术：要掌握对方在右场区、左场区的接发球特点，然后再根据对方的这些特点，制定发球战术就有利于避长而击其短。

发球时间的变化战术：要做到发球快慢结合自如，使对方摸不到准确的发球时间，起到破坏对方接发球起动的作用。

3. 以我为主决定发球战术

根据一场比赛，或者每个回合的情况，随时考虑己方的发球有什么优势，能够给对方带去什么样的麻烦，对方回接后己方的第三拍有什么优势，第三拍应如何回接等问题。根据以上情况来制定发球战术，此时不应过多地考虑对方的接发球能力如何。因此，以我为主的发球战术就应以己方发球与第三拍的能力来组织发球战术，做到直线对角结合发球、软硬结合发球、长短结合发球。

（1）直线和对角结合的发球

前场区和后场区都适合用直线和对角结合的发球战术，这种战术迫使对方打出的球路没有质量，威胁性不大，从而有利于己方进行有力的反击。

（2）软硬结合的发球

这种发球方式实际上就是为了使对方接发球时在击球的动作和脚步位置上有所变化，而不能使其站在原地从容地回接发球方的发球。若想给对方的接发球制造麻烦，就需要发球方利用球的快、慢、软、硬、轻、重来给对方的接发球增加难度，甚至使其判断失误或处理不好而失去主动权。

（3）长短结合的发球

发球时要注意后场和前场的结合，保持发球动作的一致性，不让对方队员看出发球是哪一种。这种发球能够使对方在起动上、判断上有前蹬和后蹬起跳击球的变化，如对方不注意判断或起动，则失误在所难免。

（二）接发球战术

"快、稳、变"是羽毛球运动员运用接发球战术必须贯彻的宗旨。具体来说，"快"是争取主动的关键。如果接发球落点稳定、线路俱佳，唯独没有快，那即便前几个要素再好也很难在前几拍争得主动权。"稳"则是取胜的前提。因为在接发球上如果不稳，失误率就高，如此便得不偿失地让对方轻松地得分。"变"是取胜的保证。当对方发球质量不高时，能快则快，能狠就要狠，做到狠变结合，"变"就是要将球专门打到对方习惯性思考位置的不同点上。如果遇到对方发球质量较高的情况，则首先应该通过过渡技术处理接发球，首先立足于稳妥和控制，从而在此基础上谋求采取守转攻和改变回球节奏的战术。

1. 以我为主决定接发球战术

以我为主决定接发球战术就是要根据自己在左场区或右场区的接发球优势、特长来处理接发球，以自己的特长打法为主，将比赛引入有利于己方打法和节奏的路子上，争取主动。

2. 根据发球质量决定接发球战术

采用根据发球质量决定接发球战术时，要求当对方发球质量较高时，可以采用一些过渡性技术处理接发球，不给对方第三拍获得进攻的机会，而己方在第四拍争取能够封住对方的路线以争得主动。如果对方的发球质量不高，就应该抓住这个有利时机，采用快速扑两边、扑中路、轻拨两边半场或扑中路半场等办法，争取主动或直接得分。

3. 根据对方第三拍特点决定接发球战术

运用这种战术时，在接发球前，需要对发球方球员的打法特点有一个较为透彻的了解。在对方发球后，己方接发球前还要注意观察对手的站位。如对方为更好地保护前场而站位偏前，且其反手回球技术和回接中路球的能力较差的话，则可以针对对方的这一弱点，考虑将接发球的落点放置到对方反手底线位置。

（三）第三拍战术

1. 主动时第三拍的进攻战术

在己方发球质量较高，创造第三拍主动时，即对方要求在前场的发球者迅速举拍封住对方的习惯球路，两人通过高打、快打、狠打，压住对方；在这种情况下，站在后场的球员须迅速跟进压网，形成两边压网的进攻队形，争取前半场攻死对方。

2. 被动时第三拍的进攻战术

这是第三拍经常碰到的问题，可以分两种情况处理。

对方接球后，两边压网的打法较凶，对前半场的球封得较狠，碰到这样的对手，第三拍被动时，一般要求有较快的反应和较强的手腕爆发力，迅速地用高球反挡或把球击到后场底线过渡，让对方从后场进攻，以避免被对方在前半场封住而攻死。

对方接球后，两边压网的打法不凶，而且平抽平挡的打法不突出，对付这样的对手，在己方被动的情况下有两种方法：一是反挡网前球，要求球过网有速度，且过网要低、平，此时，对方由于压网不凶，必然只能采用推的办法，而己方可以迅速跟进运用半蹲平抽平挡的办法，争取由被动转为主动；二是可采用网前勾对角球的打法，因对方压网不凶，势必有一边网前漏洞较大，由此通过网前勾对角球由被动转为主动。

3. 一般情况下第三拍的进攻战术

一般情况下第三拍的进攻战术是指对方的接发球对己方形成一种既不主动，也不被动的形势，在这种情况下，第三拍处理得好就能控制主动权，反之就变成被动。因此，此时的第三拍技术就要求有一定的质量，做到高打、快打，力争回球过网的质量高，球路要出乎意料，用速度压住对方，然后形成分边压网之势，以争得前半场优势，逼迫对方击出高球让己方进攻。在这种局面下己方两名球员可以大胆而快速地两边跟进，分边逼网与对手展开短兵相接的对攻战，争取攻死对方。

（四）第四拍封网战术

第四拍封网战术，实际上就是两人如何分工封网跑位的问题。分工明确、严密，两人跑位配合默契，就有利于控制主动权，反之，就有可能陷入被动。

当对方站在右场区发球到1号区时，己方在右场区接发球回击中路或右场区后场底线，此时接发球员迅速跟进封网位置略偏左场区，后场同伴注意头顶后场区和正手网前区。

当对方站在右场区发球到1号区时，己方在右场区接发球回击中路或左场区后场底线，此时接发球员迅速跟进封网位置略偏右场区，后场同伴注意正手后场区和反手网前区。

第四拍封网分工规律：一般是球到对方右场区就封住左场区，球到对方左场区就封住右场区，即封住对方的直线球路，而这一规律的特定条件是己方接发球时获得主动权。如果接发球不处于主动时，还要按此规律执行，则往往要被对方通过较好的第三拍反击而破坏掉。

五、羽毛球双打防守战术教学

双打防守战术是指本队两名球员之间通过密切的协作、战术调整和技术手段的支持，尽全力去破坏对方的进攻连续性，转被动为主动所采取的有目的的战术行动。双打的防守战术绝非一般意义上的以稳取胜的战术打法，而是一种在被迫陷入被动的情况下首先防住对方的攻势，然后再伺机反攻的战术。防守绝不能被动消极，而应当是积极主动的。在被动防守时，要时刻寻觅转守为攻的机会，这一机会一旦出现一定要将主动权牢牢掌握在自己的手中，立刻组织反击抢攻。

（一）高远球防守战术

高远球防守包括网前挑高远球和后场击高远球，是防守中常用到的战术，目的是使对方的进攻速度减慢，并且回到后场底线进攻，从而削弱对方的进攻力量，以利己方进行守中反攻。网前挑高远球是防守较为被动时使用的战术，要求回出的高远球弧度高，这样可使球垂直落在底线附近，后场回击出的高远球也要求弧度高，落点在底线附近。

（二）平高球防守战术

平高球防守包括网前挑平高球和中后场回击平高球，击出的平高球以对手不能触球的高度为宜，落点在对方后场两角或底线附近。由于平高球较之高远球速度快，对手必须快速移动回球，否则就无法进行连续进攻，这也就意味着己方可以找寻到守中反攻的机会。

（三）抽、挡防守战术

当对方连续杀球时，可根据来球的线路及落点，采用抽、挡回球。抽、挡回击的球只要求平、快，落点可以不要求到底线，是一种防守反击的打法。

六、根据对手情况的双打战术应变

（一）针对对手打法的战术应变

当对付以挑两边底线较好的防守型配对时，要做好打攻坚持久战的准备，一定要有耐心，应多采用吊杀、杀吊相结合的战术，切忌盲目乱杀，以免无谓地消耗过多的体力，这种情况应当稳扎稳打，找准时机进行重杀，也可采用杀大对角轮攻战术，因对方常常挑底线，而网前球较少。综上所述，只要己方保持体力能坚持多打几个回合，就能在比赛中占得先机。

（二）针对对手站位或形式的战术应变

如果两人均属善打平抽快挡的选手，他们的站位一般都习惯采用并排对攻的站位法。如果平抽快挡也是己方的优势时，也可以采用"平抽快挡，以攻对攻"的战术，与对手进行短兵相接。但当己方知道以攻对攻打不过对方时，就要采用挑两边底线的战术，这样的战术能够尽可能避开对方的特长，如此既可打乱对方的队形，也有利于己方反攻。当遇到对手均喜欢采用半蹲形式防守站法时，切忌杀长球，因为杀长球正有利于对方半蹲防守人的技术发挥，反而对己方不利，因此，己方应采用"短杀战术""短杀左下方"的战术来进行应对。

（三）针对对手是强弱配对的战术应变

当遇到这种配对模式时，己方必须坚定不移地采用"攻人战术"，采取集中优势兵力二打一的战术，主要攻击对方稍弱的队员，如此便能占得先机。

（四）针对对手心理弱点的战术应变

双打不只重视技战术上的配合，还很重视思想上的配合，这是成败的关键环节之一，因此，当己方发现对方在思想配合上出现了一定的偏差时，从战术上一定要抓住这个环节并充分利用。例如，对方的甲队员暴露出埋怨同伴的现象时，己方的战术要从能制造对方互相埋怨这一点去找窍门。己方如果获得进攻权时，可采用重点杀甲的战略手段，若甲防守质量差，己方可在网前扑或在能杀死对方的情况下，不再杀甲，而应杀乙，此时乙会因守不住而出现失误，当这样的问题出现多次时，甲一定会责怪乙为什么老失误。因为，甲有抱怨同伴这样的弱点，他根本不会认为比赛中出现的种种问题责任是在自己身上，而只一味地责怪同伴，可是，同伴心中明白是因为甲的漏防从而造成自己守不住，这样，两人的配合就会出现偏差，甚至使其无心迎战。己方便可轻松将其击败，战而胜之。

（五）针对对手是配对握拍的战术应变

首先要在比赛中冷静、沉着地分析对手这一左一右是如何站位的，及其接发球时的位置以及在防守时的位置，这样就可根据对方的站位来决定己方所采取的战术路线。比如碰到接发时左手在后，己方就应多打右后场区抓对方反手。反之右手在后，己方就应多打左后场区。其中进攻战术以采用攻中路战术最为有效。

七、羽毛球混合双打进攻战术教学

混合双打是由一名男球员与一名女球员搭配组成的双打，基本技、战术同双打很相似，但由于女球员在技术或速度、力量等方面都要比男球员差一些，往往是被攻击的主要对象，因此在具体运用战术的方式上与双打有些不同的地方，突出表现在以下两点。第一，混合双打女球员的攻击力较男球员弱，主要站前场负责网前小球；男球员能力较强，负责中后场的大范围区域，形成女球员在前、男球员在后的基本进攻队形。男球员发球时站位在中场附近，女球员应站在靠近前发球线附近。发球后，男球员立即守住中后场，女球员则立即准备封住前半场。第二，进攻时通常都围攻女球员，防守时也设法将女球员调至后场，使其左右两角奔跑，不但消耗其体力，而且还抑制了男球员后场进攻威力的发挥。

（一）发球战术

1. 发球的站位与分工

（1）女球员发球的站位与分工

女球员的发球站位和分工与女双的发球站位和分工基本相同，而男球员则通常是站在后场的,其负责的范围是中后场两边的来球,偶尔对女球员漏击的前半场球进行弥补。如果是在左场区发球分工区,那么站位是相反的。

(2)男球员发球的站位与分工

男球员在发球时,通常情况下站在后场,女球员的站位则位于前场区的右区,发右区时站得离中线远一些,发左区时站得离中线近一些,这样的站位有利于让同伴在发2号区时,让开发球路线。具体来说,女球员的站位并非是固定的,上述只是一般情况下的站位,具体要以男球员的需要为主要依据进行适当的调整。

2. 女球员发球战术

(1)对方女球员接发球战术

女球员接发球时可按平常心发球,因为后场有男同伴在接第三拍,而对方女球员接发球站位及威力都不及男球员,此时,可根据对方接发球的特点来制定发球战术。如接发球的女球员后场攻击能力较差,己方可发3号区的平快球,球平、速度快威胁大,逼使对方杀球或回击高球,此时己方接杀回击对角后场或对角网前球,接高球就组织进攻取得主动权;发4号区的平高球,就更有利于己方组织反攻,并迫使对方女球员后退击球,己方两边并排压网。

(2)对方男球员接发球战术

当对方男球员接发球时,女球员一定要将恐惧心理排除掉,进一步增强自己的发球信心,然后在此基础上通过采取"以我为主"的发球战术,并且与假动作或时间差相结合发后场4号区球以打乱接发球者组织进攻。通常发球者要以发自己特长的发球区域为主,并且将前场球较好地封住,而让后场的男球员去处理中场球和扑球。男球员在发球时,一定要注意在一定战术意识下发球,即使发特长球时,如发1号区,也要在发球时间上有所变化,这样就容易使接发球者不易判断来球方向而不敢大胆起动,从而使战术效果得到有效提高。

3. 男球员发球战术

男球员发球战术要根据对方队员的情况选择相应的发球战术,具体有以下两种情况。

(1)对方女球员接发球战术

当男球员发球而对方女球员接发球时,由于男球员的发球时间差的控制,发出球的速度,甚至是弧度都会对女球员造成一定的威胁,再加上上述发球战术较适用于男球员,因此,这种战术对于发球方是非常有利的。当然此时男球员的发球站位靠中场,球过网的时间长一些,有利于对方女球员采取行动。如发 1 号、2 号区时，球过网后一定要朝下飞行，否则就会被对方扑死。

（2）对方男球员接发球

当男球员发球而对方男球员接发球时，一般情况下，以发对自己有利的发球区域为主，即采用"以我为主"的发球战术。最重要的是发球弧度要平，球过网后要朝下飞行，这利于己方第三拍的反击。

（二）攻女选手战术

在混双战术中，攻女选手战术是一个重要的核心战术，当一方获得主动进攻或在寻求进攻机会时，如果能够熟练应用这一战术，往往能够取得很好的进攻效果，具体来说，这一战术的应用情况主要有以下几种。

1. 己方获主动进攻时

当己方获得主动进攻，对方也已形成男女两边防守的阵势时，己方就得抓住有利时机通过运用杀女球员小交叉的战术、杀吊女球员的结合战术、杀中路至女球员一边的战术、攻女球员右肩战术等，来发起对对方女球员的进攻。这样，能取得较好的进攻效果。

2. 两边中场控球时

对方打过来的球，己方并不主动，也不被动的情况下，处于控制的阶段，这就是所谓的中场控球。我们可以得出结论，中场控球时是处于控制阶段的，这时候为了获得主动权，应该把球打到女球员的防守区域，而不是把球打到对方男球员手中。在运用这一战术时，一定要准确把握好对方女球员的封网意图和回击球路，从而从容地应对。

3. 接发球时

在接发球时，运用攻女球员战术往往能够收到较为理想的效果。一般来说，运用这项战术的常见情况是：第一，当己方接发球时，只要通过放网、放对角网前等把球回击到前场，就能够达到促使对方球员跑动回击，从而掌握主动进攻权的目的；第二，当对方男球员水平较高而女球员相对差一些时，运用这种战术是很有效的。

（三）第三拍战术

混合双打的第三拍和双打同样有着重要的地位，在主动时，应保持进攻；被动时，守中反攻；一般时，积极反攻。

1. 主动时第三拍的进攻战术

若女球员发球时，女球员可直接封住前半场区，并以封住对方的直线球为主，如果能判断到对方击对角网前球，也可封网。

若男球员发球时，由女球员负责封网。如男球员在右场区发球时，女球员的站位是在左前场区。因此，当男球员发 1 号、2 号区时，女球员就专心地封好左前场区和中路网前。此时，对方如果回击右网前是己方的弱区，则由男球员去补救。如男球员在左场区发球时，情况就不一样了，因女球员的站位靠中线，当发 1 号区时，女球员可封整个前场区；当发 2 号区时，女球员重点封住两边线。

2. 被动时第三拍的进攻战术

此时，对方回过来的球，对己方形成一种不主动也不被动的形势。己方只要处理好，便可获得主动权，处理不好就会造成被动。击球时要考虑对方的站位与分工，球尽量少给男球员。

3. 一般情况下第三拍的进攻战术

注意对方站位的空当，处理好过渡球，如果己方女球员防守能力强，可大胆地把球挑到对方的两底线，但球一定要高而后，再由女球员防守转入进攻。

（四）第四拍封网战术

当女球员接发球时：当接 1 号、2 号区球且能主动回击时，女球员就封住对方的直线球路而男球员则看守其他区域；当接 3 号、4 号区球能主动回击时，女球员可回动封直线前场区，而男球员则看守其他三个方向的球；如果不能主动回击则无法回动时，只能防守在后场一个区过渡一下，此时，男球员则要看守前场两边和后场另一区。

当男球员接发球时：当接 1 号、2 号区球且能主动回击时，应由女球员封住对方的直线球路，女球员除要控制网前球之外，还要和男球员保持一个错位，以封住对方反抽对角平球，以减轻男球员的压力，去看守其他中后场区的球；如果不能主动回击时，情况就比较复杂了，此时男球员的站位已经被引到前场，因此另半边的后场底线成为漏洞，如果对方回击高球至底线，女球员可后退补位，代替男球员进攻一二回合再找机会轮转位置。当接 3 号、4 号区球能主动回击时，女球员除负责前场区外，还得负责封对方抽对角的平球，以使男球员位置更主动；如果不能主动回击，就得根据己方男球员位置是否无法回动来决定，视具体情况而定。

（五）杀大对角男球员边线的战术

在以下情况下使用杀大对角男球员边线的战术，往往能够取得较为理想的战术效果：当己方获得主动进攻机会时，通常都会采用攻对方女球员战术，正因为如此，这时对方男球员就会有意识地站在靠近女球员的一边，对其形成保护。尤其是在和女球员呈直线进攻时，这时候就会使男球员另一侧出现空当的局面。需要指出的是，这一战术的应用机会也相对较少，主要是由于这一战术运用的前提条件是女球员和进攻者呈直线，而这种情况也较少见。

（六）短杀结合长杀、重杀结合轻杀

在主动进攻过程中，这一战术是非常实用且需要熟练掌握的重要战术。由于一味地重杀一个角度，当对方适应了也就没效果了；一味使用长杀易被对方采用半蹲防守对付。因此，这就对使用该战术的球员提出了更高的要求，即要求球员不仅要结合高吊，还要注意角度的变化。其中，角度的变化就是落点长短的变化，而击球力量的变化也就是轻杀和重杀的结合。

八、羽毛球混合双打防守战术教学

（一）挑两底线平高球战术

挑两底线平高球战术在以下两种情况下较为适用，并且运用得好，往往能够取得理想的战术效果。一种是对方杀直线，己方挑平高对角；另一种是对方杀对角，己方挑平高直线。这两种情况都能够达到调动对方左右移动的目的。如果对方移动慢或盲目进攻，就无法保证进攻的效果，这对于己方反攻是非常有利的。

（二）反抽对角挡直线战术

反抽对角结合挡直线的战术对于对角男球员从两底线进攻站在直线的女球员时较为适用，己方女球员采用这一战术，往往能够抓住其漏洞。与反抽直线勾对角战术一样，也要注意反抽必须要越过对方女球员的封网高度，从而使良好的战术效果得到保证。

（三）反抽直线勾对角战术

反抽直线勾对角战术对于对方男球员从两底线进攻站在对角线的己方女球员时是较为适用的，这时候己方女球员采用这一战术能最大限度地调动对方，并抓住其漏洞。但是，需要强调的是，反抽必须越过对方女球员的封网高度，否则会对战术效果产生影响。

（四）挡直线、勾对角网前战术

如果对方男球员从两后底线攻己方女球员，那么采取的战术应该是挡直线结合勾对角网前，这样能够使后场强有力的攻击得到有效避开。一般来说，

只要挡和勾的质量有保证，变被动为主动还是比较容易的。当然，需要强调的是，当己方把球打到某一个点时，女球员要逼近封住其直线区，迫使对方打出高球。

九、针对对手情况的混合双打战术应变

（一）针对混双比赛中男女搭配的战术应变

根据混双必然是一男一女、一强一弱的这一特点制定的应变战术总的原则是重点攻击弱者，但当强者（男球员）防守站位偏于女球员时，攻击男球员的边线落点也会很有效果。当己方处于被动时，尽量把球打到网前让女球员来处理球，以便己方寻找守中反攻的机会。

（二）根据对手是配对握拍的战术应变

与双打不同的是，分清是男球员左手握拍还是女球员左手握拍是很重要的。接发球时如男球员是左手握拍则要抓他的反手区，因为一般左手握拍者正手抽球比较凶，如女球员是左手握拍，那么她封正手区凶，或是头顶区凶。在防守时要明确左手握拍者是在左区，还是在右区。总之，这些情况明确之后，才能决定己方所采取的战术路线。

（三）根据对方男球员处理中场球的特点的战术应变

对方男球员如何处理中场球就形成了该队的特点。例如有的男队球员对中场球的处理是以软打、勾、推中场球为主要打法时，己方要特别注意半场移动要快，控制出手点要高、要快，抓到机会以快制慢，以刚克柔。如果跟着对方打软球，那就得在速度上比对方快才能压住对方。

第二节 现代羽毛球运动战术教学的创新趋势

一、战术教学指导

（一）战术指导思想

羽毛球的战术指导思想是全面贯彻快、狠、准、活的技术风格和以我为主、以快为主、以攻为主，积极主动的打法。

快——判断快、反应快、起动快、回动快、步法移动快、抢位快、击球点高、完成击球动作快、突击进攻快、守中反攻快。

狠——进攻凌厉、球路变化多、落点刁、抓住有利战机突击、连续进攻

或一拍解决。

准——在快速多变中抓得准，掌握技术准确并应用自如，落点准。

活——握拍活、站位活、步法活、战术变化活。

以我为主——不受对方影响，积极施展自己的特长技术和打法；避开对方进攻锋芒，压制对方技术发挥；战术善于变化，掌握比赛场上的主动权。

以快为主——抢时间，争速度，抓住有利时机速战速决。但是，由于战术变化的需要，有时也可以适当放慢速度，这种快、慢节奏变化是为了使快速进攻收到更好的效果。

以攻为主——进攻是得分的最好手段，任何时候都要把进攻放在第一位。但羽毛球比赛双方都力争主动进攻，攻守转换是经常出现的，因此又要求运动员能攻善守，强调在防守时仍要以各种球路变化积极转守为攻。

（二）战术运用原则

首先，依靠技术基础。战术是以技术为基础的，技术越高就越能更好地完成战术的要求。只有技术全面战术才能多样化，战术的变化和发展又可以促进技术不断地革新和提高。二者是密切相关又互相促进的。

其次，目的明确。用战术必须有的放矢，焦点集中，抓住中心，总揽全局。

再次，坚定战术意识。在羽毛球比赛中，战机稍纵即逝，对每一个球的处理都既要快又要有的放矢。如何在快速来回击球的过程正确估计形势，进攻凶狠，时间抓得准，防守调整也主动及时，所选用的手段都恰当有效，这就是战术意识。战术意识的基础需要掌握羽毛球各种技术、战术的一般规律，需要在平时有目的地进行系统的战术训练，在比赛中积累经验，再在实战中运用，这样不断地总结、提高，使自己对场上的情况具有敏锐的观察能力和迅速做出反应的能力。

最后，随机应变。战术的运用要配套，战术的套路要娴熟，结合自己打法的特长，运用战术时要调整变化使用，因人而异，因情势而异，但每种单个战术都应进行扎实的训练。战术的运用必须随机应变，善于根据战局的变化，分析对方，及时决定对策，出其不意地组织攻势，真假虚实交替运用，使对手猝不及防。

（三）战术运用要求

运用战术是要达到以下几个目的。

1. 调动对方移动

对方一般站在场区的中心位置，全面地照顾各个角落，要使对方击不到球是较困难的。如果把他调离中心位置，他的场区就出现空当，这空当就成了己方进攻的目标。

2. 迫使对方被动

以平高球、劈杀、劈吊或网前挫球等技术造成对方还击困难，迫使对方击来的高球不能到达自己场区的底线，这样来增加己方大力扣杀和网前扑杀的威力，给对方以致命的一击。

3. 诱使对方被骗

利用重复球或假动作打乱对方的步法，使对方身体重心失去控制，来不及还击或延误击球时间而回球质量差，使之被动。

4. 消耗对方体能

控制球的落点，最大限度地利用整个场地把球击到场区的四个角上或离对手最远的地方，使对手在每一次回球时尽量消耗体力。在争夺一球的得失时，也应以多拍调动对手，让对手多跑动、多做无效杀球。当对手体力不支时，再行进取。同时要保存自己的精力。在单打比赛中，一次"拉锯"，有时要来回击球几十次之多，有时一局比赛会持续半个多小时。在己方使对手满场奔跑的同时，自己局限性地处于同对手一样的兴奋状态，所以要尽量使自己的动作放松，步法移动少，保存体力，以求最后的一搏。

（四）战术教学方法

1. 讲解法

讲解是用语言说明战术的名称、作用、特点、适用范围的一种常用方法，讲解时注意以下几点。

①阐明战术的实质，启发学生思维，加深理解。
②讲解战术的名称、作用、特点时要用术语。
③抓住战术关键讲解，出现的共同错误要集中讲清。

2. 直观法

运用图片、示范、录像等直观教具，把战术的形式、路线、基本特点全部显示出来。有助于羽毛球运动员形成完整的概念。

直观法是借用视觉、听觉、肌肉本体感觉等感官感知动作的教学法，运用直观教学法应注意以下几点。

①应用图解教学时，应将战术的主要路线标明，重点提醒。
②做完整的示范，不能出现盲目示范。
③录像教学选择有代表性战术的镜头片段，培养羽毛球运动员的观察力。

④教学必须与讲解结合起来，使羽毛球运动员有清晰完整的认识，加速形成战术的完整概念。

3. 练习法

在固定的路线或规定条件下进行重复练习，目的在于掌握熟悉战术战线、位置、战术特点，运用练习教学法要注意以下几点。

①技术水平相当的羽毛球运动员配对练习，提高效果与兴趣。

②提醒羽毛球运动员掌握重点路线和移动位置。

③培养羽毛球运动员的观察力。

练习中注意技术动作的准确性、各技术动作的衔接及战术练习中运用技术的主次。

4. 变换法

单一战术中进行线路变化练习，即变化战术线路、落点的练习，运用变换教学法时要注意以下几点。

①变换练习要注重战术的系统性和整体性。

②一种战术线路练习后，应在间歇后再安排变换的战术线路练习。

③结合选用战术的特点，安排战术线路的变换练习。

二、战术教学训练创新

（一）落实力量练习

发展上肢各关节肌群的力量和下肢各关节运动的肌群力量，是羽毛球项目力量素质的基础。

力量训练的表现形式有两种，一种是静力性力量，另一种是动力性力量。静力性力量是肌肉等长收缩时产生的力量，故又称为等长性力量。在这种情况下，肢体不产生明显的位移运动，仅在于固定或保持肢体于一定的位置和姿势。动力性力量是肌肉等张收缩时产生的力量，故又称为等张性力量。在这种情况下，肢体产生明显的位移，使人体或器械产生加速度。

对于这两种力量训练形式的概念，任何一位教练员在组织和安排力量素质训练之前，必须明确其训练的目的性和针对性，否则就会陷于盲动。教练员应该把两者结合起来，并以动力性力量形式为主。通过动力性的力量训练，不断提高最需要的力量素质，即爆发力。爆发力是肌肉快速收缩时的肌力，它取决于肌肉收缩的力量与速度。在训练爆发力时，宜以较小的负荷做快速的运动，着重提高运动中枢的同步作用和保持协调关系。如果动作速度过慢，则不能产生爆发力。因此进行各种爆发力的训练，宜采用中等或较小负荷的杠铃和哑铃与羽毛球专项动作相结合,则训练效果较好。

随着运动员年龄的增长和训练次数的增多,教练员更要重视中等负荷的训练。不大的负荷量对运动神经元可产生中等程度的兴奋,即使运动神经兴元奋性的效果不理想,但不易使人感到疲劳,只要增加重复练习的次数,则能促进肌内中收缩蛋白质含量的增加,更有助于运动中枢协调关系的改变。没有绝对力量做基础,其他力量素质的提高,完全无济于事。因此,在运动员的年龄和运动生命的成熟阶段,绝对力量的训练,刻不容缓。这时,大负荷的训练,则容易产生疲劳,重复的次数不能太多。因此,羽毛球项目的力量素质,必须把大负荷和中等负荷紧密结合,着重以中负荷训练为主,方能行之有效。

(二)提高速度练习

现代羽毛球发展的另一个重要特征就是追求速度制胜。现代高水平的运动员和高强度的竞技都追求快速制胜,进攻中讲究出其不意,防守中也追求防守反击,这些都需要快速的运动能力。速度训练不是要求运动员像百米冲刺一样具备速度就行,而是要求运动员控制好自己的步伐,何时发力、何时快速移动,都要遵循一定的规律,尤其是要科学提高自己的步伐移动速度。这个训练过程,运动员要把握好起动和移动的关键步骤。其中移动又有垫步、交叉步、小碎步、并步、蹬转步等内容,然后做好到位配合击球,以及回动等。

(三)提高灵敏素质

提高灵敏性就是要求运动员在羽毛球运动中要对进攻和防守的目标做到准确判断。进攻要做到击中目标,防守要做到万无一失。运动员在训练过程中,要重点加强防守练习,如训练防守的灵敏性,就要找一个好的陪练,给运动员制造不同的威胁,让运动员对防守的方位、距离和速度进行预判。通过这样反复的训练,灵敏性也就会逐渐提高。

灵敏性好、柔韧性高的运动员,各个关节活动范围大、角度大、技术动作舒展大方,发力显得不费劲;而柔韧性差的运动员,技术动作拘束、僵硬、别扭。要完成一个动作,还要靠其他关节的补充动作才能达到一定的幅度。由于柔韧性不好,不少技术动作较难完成。根据羽毛球运动对灵敏性训练的特点要求,必须把静力和动力,主动和被动相结合,并以动力和主动为主,就可以防止因过多地练柔韧性而降低肌内力量的情况出现。

(四)加强耐力训练

现代羽毛球的竞技特点是力量大、速度快的高强度运动项目,若要在大赛中取得好的成绩，在追求力量速度的前提下，要保证有足够的力量。这就需要运动员具有持久的运动耐力。运动员要做到这一点，一是保证运动员的营养，通过合理膳食提高身体素质。二是要保持科学运动训练，在平时的训练中要按照教练的要求合理规划，积极储备体能。

（五）培养战术意识

运动员在比赛中所完成的战术行动，是受战术意识支配的。

战术意识表现为在复杂困难的环境与条件下，能够准确地观察场上的变化形势，正确地决定自己的行动。战术意识不强在场上表现为步法跑动零乱，主动性差、惊慌，双打中不与同伴配合。一个运动员的战术意识时刻表现在比赛的全过程，既表现在关键时刻，又表现在起"辅助"战术作用的时刻。

战术意识具体反映在"行动的预见性，判断的准确性，技术的目的性，攻防的主动性，战术的灵活性，动作的隐蔽性和配合的一致性"等方面。

战术意识的培养与运动员的思维活动有关，思维活动的灵活性、预见性和创造性必然决定他的战术意识水平。

随着知识的增长、经验的积累和训练的加强，运动员的战术意识才能逐渐丰富和成熟起来。

战术意识的培养应做到以下几点。

①使运动员掌握一定数量和质量的战术，并认识到战术的重要性，具有较多的战术理论知识。技术是形成战术的基础条件，基本战术不佳就谈不上战术的组织和运用，必须具备相应的技术条件，才能增加战术的数量和质量。

②使运动员明确处于不同位置（前、后、中场）、不同势态（进攻、防守）、应用不同技术的基本路线。

③多组织教学比赛和战术实践活动，启发运动员对场上出现的各种复杂情况进行分析、推理、预测，培养他们的思维能力、分析和解决问题的能力，可以用"你为什么要击出这样的路线""你认为这两种路线哪一种更合适""什么位置"进行分析，进行提问。

④多观摩比赛、录像，做好赛场情况分析和讲授工作。

⑤必须使运动员了解同伴的特点（技术、习惯、速度、脾性）以便迅速准确地判断同伴的战术意识，进行默契配合，实现战术目的。

（六）创新管理工作

现代管理科学非常重视塑造一种"集体文化"，它对维系集体成员的统一性和凝聚力起着非常重要的作用。这种"文化导向"折射的就是一个集体所特有的"理念、精神和责任"，是所有成员共同承认、遵循和追求的规范、准则和目标。它是意识形态，是最高层次的管理约束力。

文化的力量往往超乎我们的想象。广义而言，小到一类体育项目，大到一个国家、一个民族，文化是其赖以生存的根。所以在运动队管理中，我们一直致力于打造"羽毛球队文化"，把"亮剑精神"作为羽毛球队的队魂，把追求尽善尽美的运动成绩作为不懈努力的终极目标。

投身竞技体育，只有少数人能走到竞技水平的最高峰，但有过这种文化背景的熏陶和培养，即使没有达到运动水平的最高境界，没有取得世界冠军，也能立足于社会，并成为有用之才。

（七）创新训练工作

1. 创新传统技术风格

近年来，国家队积极组建复合型教练团队，深入探讨项目制胜规律，将羽毛球运动制胜规律概括为核心是"快"，内涵是"争高点、抢前点，使对手回击的难度最大"。"狠、准、活"是"快"的具体表现，是分别从体能、技术、战术三个方面体现出来的制胜要素，它们以"快"为统一点，表现出总和律、突前律和更迭律。

这一全新概括，与传统技术风格有以下区别：第一，明确提出羽毛球制胜核心只有一个"快"字，"狠、准、活"是"快"的下位概念；第二，明确指出三要素"狠、准、活"，分别代表着体能、技术、战术；第三，明确指出要素间的关系以"快"为统一点，"活"对"狠、准"起支配作用。

2. 创新训练方法

创新形式是多种多样的，但万变不离其宗，实战性既是创新标准，也是创新目的，科学性主要是围绕实战性而体现的。当前羽毛球运动发展的趋势是核心竞技能力表现，单一渠道向多渠道发展，打法趋势越来越体现"网前技术"的重要性，多拍比重明显增加，对无氧能力和技术细腻程度要求更高。根据这一发展趋势，这里提出以下几项创新点。

（1）创新速度表现形式

速度是羽毛球运动能力的核心，传统训练习惯于从"体能"角度挖掘速度潜力。而体能仅仅是速度的一个方面，技术、战术都能体现提速的功能。战术意识是最高层次的提速能力，抢网意识、抓球意识、限制意识、反击意识等都是体现"快"的重要手段，训练中应多从这些角度来提高运动员的加速能力。

（2）创新突破方向

无论单打还是双打，我们的网前技术是相对薄弱的环节，尤其是男双，网前技术的局限性更加明显，容易被人限制而无法充分发挥进攻特长。以前，关于男双突破问题，一直停留在"重视与不重视""人才都被单打选走了"等问题上，这是典型的守旧观念，如果再不及时转变，突破仍很难。

（3）创新训练手段

规则改变以后，多拍回合的比重增加，对专项耐力提出了新要求。专项体能究竟练到什么程度才能符合实战比赛的需要，仅凭肉眼或经验难以准确判断，需借助现代科学仪器，如心率遥测仪、血乳酸仪等，对训练手段和比赛过程进行追踪测试和横向比较，对各种训练手段进行效果诊断，从而确立最佳方案。

参考文献

[1] 陈静. 运动心理学研究方法在羽毛球教学中的应用探析[J]. 山东商业职业技术学院学报, 2017, 17（02）: 53-54+70.

[2] 陈小芳. 简谈羽毛球教学现状及对策——以无锡市市北高中为例[J]. 青少年体育, 2016（06）: 77-78+76.

[3] 丁玮. 高校羽毛球技术教学与训练的探讨[J]. 运动, 2015（24）: 89-90.

[4] 范菲. 探析高校羽毛球教学的创新[J]. 云南农业大学学报（社会科学版）, 2014, 8（01）: 72-75.

[5] 富小刚. 多媒体技术在羽毛球教学中的运用[J]. 少林与太极（中州体育）, 2013（09）: 32-34.

[6] 高峰. 试论如何提高高校羽毛球教学水平[J]. 体育世界（学术版）, 2016（04）: 82+84.

[7] 胡英姿. 高校羽毛球课教学中比赛法的应用剖析[J]. 才智, 2015（08）: 96.

[8] 黄毅. 在高校羽毛球教学中基本技术教学方法的探讨[J]. 高教学刊, 2017（10）: 50-51.

[9] 贾乃佳. 高校羽毛球课程教学与训练探索[J]. 智库时代, 2018（41）: 202+206.

[10] 刘曼. "学导式"教法在羽毛球教学中的应用研究[J]. 当代体育科技, 2014, 4（11）: 106-107.

[11] 刘素伟. 普通高校羽毛球教学中存在的问题分析及策略研究[J]. 当代体育科技, 2013, 3（35）: 86+88.

[12] 吕云龙. 现代高校羽毛球教学现状分析与对策探究[J]. 运动, 2016（02）: 92-93.

[13] 满庆寿. 高校羽毛球现状教学研究[J]. 当代体育科技, 2012, 2（34）: 56-57.

[14] 曲景凯. 中学羽毛球课开展情况的调查与分析[J]. 体育世界（学术版）, 2012（01）: 99-100.

[15] 孙佳. 关于高校羽毛球教学 [J]. 当代体育科技, 2016, 6 (33): 47+49.

[16] 孙宇. 在高校羽毛球教学中组合技术教学法的应用 [J]. 当代体育科技, 2015, 5 (33): 25+27.

[17] 王海, 黄锷. 高校羽毛球教学现状与发展对策探究 [J]. 运动, 2013 (02): 104-105.

[18] 王雷. 高校羽毛球教学方式的构建与创新 [J]. 长春理工大学学报（高教版）, 2010, 5 (02): 159-160.

[19] 王兴. 提升普通高校羽毛球教学效果的策略探究 [J]. 课程教育研究, 2018 (29): 163.

[20] 韦兴江. 在羽毛球教学中常见的问题及对策探讨 [J]. 智库时代, 2017 (10): 182+184.

[21] 余翠霞. 剖析羽毛球教学中易出现的问题及对策分析 [J]. 当代体育科技, 2013, 3 (08): 60-61.

[22] 张金龙. 职业高中羽毛球教学方法探析 [J]. 中国校外教育, 2016 (07): 150.

[23] 张文哲. 高校羽毛球教学方式的构建与创新 [J]. 当代体育科技, 2017, 7 (30): 113-114.

[24] 郑剑锋. 羽毛球教学中现代教育技术的应用研究 [J]. 科技风, 2016 (09): 83.

[25] 周菲. 构建创新的高校羽毛球教学模式研究 [J]. 当代体育科技, 2018, 8 (12): 145+147.

[26] 周光海. 高校羽毛球教学中辅助练习的应用研究 [J]. 科学大众（科学教育）, 2017 (11): 160.